A FÓRMULA MÁGICA

PARA
CONSTRUIR RIQUEZA

O método certeiro para encontrar grandes investimentos

PAT DORSEY

Benvirá

Copyright © 2008 by Morningstar, Inc.
Título original: *The Little Book That Builds Wealth*
Publicado originalmente pela John Wiley & Sons, Inc.
Todos os direitos reservados

Direção executiva Flávia Alves Bravin
Direção editorial Ana Paula Santos Matos
Gerência editorial e de produção Fernando Penteado
Gerenciamento de catálogo Isabela Borrelli
Edição Paula Sacrini
Preparação Rafael Fulanetti
Produção Rosana Peroni Fazolari

Tradução Silvio Antunha
Revisão Mauricio Katayama
Diagramação Sbnigri Artes e Textos Ltda.
Capa Tiago Dela Rosa
Impressão e acabamento Edições Loyola

Dados Internacionais de Catalogação na Publicação (CIP)
de acordo com ISBD
Vagner Rodolfo da Silva - CRB-8/9410

D718f Dorsey, Pat
A fórmula mágica para construir riqueza: o método certeiro para encontrar grandes investimentos / Pat Dorsey ; traduzido por Silvio Antunha. - São Paulo : Benvirá, 2023.

186 p.

Tradução de: *The little book that brings wealth*

ISBN 978-65-5810-166-6 (impresso)

1. Economia. 2. Investimentos. I. Antunha, Silvio. II. Título.

2023-1267	CDD 330
	CDU 33

Índices para catálogo sistemático:
1. Economia   330
2. Economia   33

1ª edição: Julho 2023

Nenhuma parte desta publicação poderá ser reproduzida por qualquer meio ou forma sem a prévia autorização da Saraiva Educação. A violação dos direitos autorais é crime estabelecido na Lei n. 9.610/98 e punido pelo artigo 184 do Código Penal.

Todos os direitos reservados à Benvirá, um selo da Saraiva Educação.
Av. Paulista, 901, 3º andar
Bela Vista – São Paulo – SP – CEP: 01311-100

SAC: sac.sets@saraivaeducacao.com.br

CÓD. OBRA 708537 CL 671055 CAE 803256

Sumário

Prefácio V

Agradecimentos XI

Introdução 1

Capítulo 1 – Fossos econômicos 5

Capítulo 2 – Fossos errados 13

Capítulo 3 – Ativos intangíveis 25

Capítulo 4 – Custos de troca 37

Capítulo 5 – O efeito de rede 49

Capítulo 6 – Vantagens de custo 65

Capítulo 7 – A vantagem do tamanho 79

Capítulo 8 – Fossos que sofrem erosão 89

Capítulo 9 – Descobrindo fossos 101

Capítulo 10 – O chefão 117

Capítulo 11 – Onde o bicho pega 125

Capítulo 12 – Qual o valor de um fosso? 139

Capítulo 13 – Ferramentas de avaliação 149

Capítulo 14 – Quando vender 163

Conclusão 171

Para eventuais atualizações e outros materiais, visite a página do livro no Saraiva Conecta:
https://somos.in/FMCR1

Prefácio

Quando fundei a Morningstar em 1984, o meu objetivo era ajudar as pessoas a investirem em fundos mútuos. Naquela época, algumas poucas publicações financeiras traziam dados de desempenho, e era só isso. Ao fornecer informações de qualidade institucional a preços acessíveis, pensei que poderíamos atender a uma necessidade crescente.

Só que eu também tinha outro objetivo: queria construir um negócio com um "fosso econômico". Warren Buffett cunhou esse termo, que se refere às vantagens sustentáveis que protegem uma empresa contra as concorrentes, da mesma forma que um fosso protege um castelo. Descobri Buffett no início dos anos 1980, e estudei os relatórios anuais da Berkshire Hathaway. Neles, Buffett explica o conceito de fosso, e eu achei que o uso desse insight poderia ajudar a construir um negócio. Os fossos econômicos fizeram tanto sentido para mim que o conceito se tornou o alicerce da nossa empresa e da nossa análise de ações.

Eu via uma clara necessidade do mercado quando abri a Morningstar, mas também desejava ter um negócio com potencial para um fosso. Por que gastar tempo, dinheiro e energia apenas para ver os concorrentes tirarem os nossos clientes?

O negócio que imaginei seria difícil de um concorrente replicar. Meu desejo era que o fosso econômico da Morningstar incluísse uma marca confiável, grandes bancos de dados financeiros, análises exclusivas, uma equipe de analistas expressiva e especializada e uma base de clientes de grande porte e leal. Com a minha experiência em investimentos, a crescente necessidade do mercado e um modelo de negócios com grande potencial, eu embarquei nessa jornada.

Nos últimos 23 anos, a Morningstar alcançou um sucesso considerável. A empresa agora tem receitas de mais de US$ 400 milhões, com rentabilidade acima da média. Nós trabalhamos duro para tornar o nosso fosso mais largo e profundo, mantendo esses objetivos em mente sempre que fazemos novos investimentos em nossos negócios.

Os fossos, porém, também são a base de como a Morningstar aborda o investimento em ações. Acreditamos que os investidores devem colocar o foco de seus investimentos de longo prazo em empresas com fossos econômicos largos. Essas empresas podem obter retornos excedentes por longos períodos, com ganhos acima da média, que devem se refletir ao longo do tempo nos preços das ações. Além disso, existe outra vantagem: você pode segurar essas ações por mais tempo, e isso reduz os custos de comercialização. Portanto, empresas de fosso largo são ótimas candidatas ao portfólio principal de qualquer pessoa.

Muitas pessoas investem por reação: "O meu cunhado recomendou", ou "Eu li a respeito na *Money*". Também é fácil se distrair com as oscilações diárias dos preços e com os especialistas que pontificam sobre as oscilações de mercado de curto prazo. É muito melhor ter uma âncora conceitual para ajudá-lo a avaliar as ações e construir um portfólio racional. É aí que os fossos são inestimáveis.

Embora Buffett tenha desenvolvido o conceito de fosso, nós levamos a ideia um passo adiante. Identificamos os atributos mais comuns dos fossos, como os altos custos das trocas e as economias de escala, e fornecemos uma análise completa desses atributos. Investir continua sendo uma arte, mas tentamos tornar a identificação das empresas com fossos mais próxima de uma ciência.

Os fossos são o elemento crucial nas classificações (*ratings*) de ações da Morningstar. Temos mais de 100 analistas de ações cobrindo 2 mil empresas de capital aberto em 100 setores. Dois fatores principais determinam os nossos *ratings*: (1) o desconto da ação em relação ao valor justo estimado por nós, e (2) o tamanho do fosso da empresa. Cada analista constrói um modelo detalhado do fluxo de caixa descontado para chegar ao valor justo da empresa. O analista então atribui uma classificação ao fosso – Largo, Estreito, ou Nenhum – com base nas técnicas que você aprenderá neste livro. Quanto maior o desconto em relação ao valor justo e quanto maior o fosso, mais alta a classificação das ações para a Morningstar.

Procuramos empresas com fossos, mas queremos comprá-las com desconto significativo em relação ao valor justo. É isso que os melhores investidores – lendas como Buffett, Bill Nygren da Oakmark Funds e Mason Hawkins de Longleaf Funds – fazem. A Morningstar, porém, aplica consistentemente essa metodologia em um amplo espectro de empresas.

Essa ampla cobertura nos fornece uma perspectiva única sobre as qualidades que podem dar às empresas alguma vantagem competitiva sustentável. Os nossos analistas de ações discutem os fossos com seus pares regularmente e defendem suas classificações de fosso perante a nossa equipe sênior. Os fossos são parte importante da cultura da Morningstar e tema central nos relatórios dos nossos analistas.

Neste livro, Pat Dorsey, que lidera a pesquisa de ações na Morningstar, pega a nossa experiência coletiva e a compartilha com você. Ele dará a você uma visão interna do processo de pensamento que usamos na avaliação de empresas na Morningstar.

Pat tem sido decisivo no desenvolvimento das nossas pesquisas de ações e das nossas classificações de fossos econômicos. Ele é talentoso, bem informado e experiente. Para nossa sorte, Pat também é um comunicador de primeira categoria, tanto na escrita quanto na fala (você pode vê-lo frequentemente na televisão). Como você está prestes a descobrir, Pat tem a rara habilidade de explicar como investir de forma clara e divertida.

Nas páginas a seguir, Pat explica por que achamos que tomar decisões de investimento com base nos fossos econômicos das empresas é uma abordagem muito inteligente a longo prazo; e, mais importante, como você pode usar essa abordagem para construir riqueza ao longo do tempo. Você aprenderá como identificar empresas com fossos e ganhará ferramentas para determinar quanto vale uma ação, tudo de forma bem acessível e motivadora.

Ao longo do livro, você conhecerá o poder econômico dos fossos estudando como empresas específicas com fossos largos geram lucros acima da média ao longo de vários anos, enquanto empresas sem fossos muitas vezes falham na criação de valor para os acionistas ao longo do tempo.

Haywood Kelly, o nosso chefe de análise de títulos, e Catherine Odelbo, presidente do nosso negócio de Investidores Individuais, também desempenharam um papel fundamental no desenvolvimento da pesquisa de ações da Morningstar. Toda a nossa equipe de analistas de ações também merece muito crédito pelas análises de fosso de alta qualidade feitas diariamente.

Este é um livro curto. Mas, se for lido com atenção, acredito que você desenvolverá uma base sólida para tomar decisões de investimento inteligentes. Desejo-lhe sucesso em seus investimentos e espero que goste da nossa Fórmula Mágica.

Joe Mansueto
Fundador, Presidente e CEO,
Morningstar, Inc.

Agradecimentos

Todo livro é um esforço de equipe, e este não é exceção.

Eu tive muita sorte de trabalhar com um grupo de analistas extremamente talentosos, sem os quais saberia bem menos do que sei a respeito de investimentos. As contribuições da equipe de Analistas de Ações da Morningstar melhoraram este livro consideravelmente, em especial quando se tratava de garantir que eu tivesse o exemplo certo para ilustrar um ponto específico. É ótimo ter colegas tão talentosos, que tornam agradável ir ao trabalho todos os dias.

Agradecimentos especiais para Haywood Kelly, chefe de análise de títulos da Morningstar, pelo valioso feedback editorial, e por ter me contratado na Morningstar anos atrás. Também sou muito agradecido a Heather Brilliant, diretora de análise de ações, por ter assumido as minhas tarefas de gestor com rapidez e perfeição enquanto eu preparava este livro. Por último, mas não menos importante, Chris Cantore transformou ideias em gráficos, Karen Wallace reforçou a minha prosa e Maureen Dahlen e Sara Mersinger mantiveram o projeto nos trilhos. Obrigado ao quarteto.

Também é preciso dar o devido crédito a Catherine Odelbo, presidente de análise de títulos, por sua liderança nos esforços de pesquisa de ações da Morningstar, e, claro, ao fundador da Morningstar, Joe Mansueto, pela construção de uma empresa de classe mundial, que sempre coloca os investidores em primeiro lugar. Obrigado, Joe.

Ninguém, porém, merece mais gratidão do que a minha esposa Katherine, cujo amor e apoio são os meus bens mais preciosos. Junto com os pequenos Ben e Alice, os nossos gêmeos, ela traz felicidade para cada dia.

Introdução

O plano de jogo

Existem muitas maneiras de ganhar dinheiro no mercado de ações. Você pode jogar o jogo de Wall Street, ficando de olho nas tendências para tentar adivinhar quais empresas devem superar as estimativas de lucros a cada trimestre, mas terá muita concorrência. Pode comprar ações fortes, com padrões gráficos de alta ou crescimento super-rápido, mas correrá o risco de não surgir nenhum comprador para tirar as ações das suas mãos a preços mais altos. Pode comprar ações baratas, com pouca consideração pela qualidade do negócio subjacente, mas terá que equilibrar os retornos descomunais das ações que se recuperam com as perdas daquelas que não existem mais.

Ou você pode simplesmente comprar empresas maravilhosas a preços razoáveis e deixar que essas empresas componham o caixa por longos períodos. Surpreendentemente, não existem muitos gestores de dinheiro seguindo essa estratégia, embora ela seja usada por alguns dos investidores mais bem-sucedidos do mundo (Warren Buffett é o mais conhecido de todos).

O plano de jogo que você precisa seguir para implementar essa estratégia é simples:

- Identifique negócios que possam gerar lucros acima da média por muitos anos.
- Espere as ações dessas empresas serem negociadas por menos do que o valor intrínseco e então compre.
- Mantenha essas ações até o negócio deteriorar-se, as ações ficarem supervalorizadas ou você encontrar um investimento melhor. Esse período de retenção deve ser medido em anos, não em meses.
- Repita quando necessário.

Esta *Fórmula Mágica* trata principalmente do primeiro passo: encontrar negócios maravilhosos com potencial de longo prazo. Se você conseguir isso, já estará à frente da maioria dos investidores. Mais adiante no livro, eu darei algumas dicas sobre como avaliar ações, além de orientações sobre quando você deve vender alguma ação e passar para a próxima oportunidade.

Por que é tão importante encontrar negócios que podem gerar altos lucros por muitos anos? Para responder a essa pergunta, olhe para trás e pense no propósito de uma empresa, que é pegar o dinheiro dos investidores e gerar algum retorno. As empresas são, na verdade, apenas grandes máquinas que arrecadam capital, investem em produtos ou serviços e criam mais capital (bons negócios) ou devolvem menos capital do que receberam (maus negócios). A empresa que gera retornos altos sobre o capital por muitos anos acumulará riqueza em um ritmo prodigioso[1].

---

1 O retorno sobre o capital é o melhor referencial de lucratividade da empresa. Ele mede a eficácia com que a empresa usa todos os seus ativos – fábricas, pessoal, investimentos – para gerar rentabilidade para os acionistas. Você pode pensar nisso da mesma forma QUE o retorno obtido pelo administrador de um fundo mútuo, exceto que os administradores de uma empresa investem em projetos e produtos em vez de em ações e títulos. Saiba mais sobre retorno sobre o capital no Capítulo 2.

No entanto, empresas que conseguem fazer isso não são comuns, porque altos retornos de capital atraem concorrentes tanto quanto doces atraem abelhas. É assim que o capitalismo funciona: o dinheiro busca as áreas nas quais um retorno maior é esperado, o que significa que a concorrência vai chegar rapidamente à porta de empresas que geram grandes lucros.

Então, em geral, os retornos sobre o capital são o que chamamos de "reversão à média". Em outras palavras, as empresas com altos retornos veem estes diminuindo à medida que a concorrência avança, e as empresas com baixos retornos veem estes melhorando à medida que avançam para novas linhas de negócios, ou quando os concorrentes deixam o campo de jogo.

Ainda assim, algumas empresas são capazes de resistir ao ataque implacável da concorrência por longos períodos, e são essas as máquinas de composição de riqueza que podem formar a base do seu portfólio. Por exemplo, pense em empresas como Anheuser-Busch, Oracle e Johnson & Johnson, todas extremamente lucrativas, enfrentando ameaças competitivas intensas há muitos anos e ainda assim gerando retornos de capital muito altos. Talvez elas tenham tido sorte, ou talvez (e mais provavelmente) essas empresas tenham algumas características especiais que a maioria das empresas não possui.

Como você pode identificar empresas assim, empresas que não apenas são ótimas hoje, mas provavelmente continuarão ótimas por muitos anos? Você deve fazer uma pergunta aparentemente simples sobre as empresas nas quais planeja investir: "O que impede um concorrente inteligente e bem financiado de entrar no território dessa empresa?".

Para responder a essa pergunta, procure características estruturais específicas, chamadas de "vantagens competitivas" ou "fossos econômicos". Assim como os fossos em volta dos castelos medievais mantinham a oposição a distância, os fossos econômicos protegem os altos retornos de capital de que as melhores empresas do mundo desfrutam. Se puder identificar empresas com fossos e se puder comprar ações delas a preços razoáveis, você construirá um portfólio de negócios maravilhoso, que aumentará muito as suas chances de ter sucesso no mercado de ações.

Então, o que existe nos fossos que os torna tão especiais? Esse é o assunto do Capítulo 1. No Capítulo 2, mostrarei a você como ficar atento aos falsos positivos, aquelas características da empresa que geralmente são consideradas como vantagens competitivas, mas que na verdade não são tão confiáveis. Em seguida, passaremos vários capítulos investigando as fontes dos fossos econômicos. São as características que conferem às empresas vantagens competitivas verdadeiramente sustentáveis, por isso gastaremos um bom tempo para entendê-las.

Essa é a primeira metade do livro. Assim que estabelecermos uma base para entender os fossos econômicos, mostrarei como reconhecer os fossos que estão se desgastando, o papel fundamental que a estrutura da indústria desempenha na criação de vantagens competitivas e como a gestão pode criar (e destruir) os fossos. Em seguida, um capítulo de estudos de caso aplica a análise competitiva a algumas empresas bem conhecidas. Também darei uma visão geral da avaliação, porque mesmo uma empresa de fosso largo será um investimento ruim se você pagar demais por suas ações.

Capítulo 1 – Fossos econômicos

O que é um fosso econômico e como ele ajuda você a escolher ótimas ações?

Para a maioria das pessoas, é senso comum pagar mais por algo mais durável. Dos utensílios de cozinha a carros e casas, os itens que duram mais normalmente são vendidos por preços mais altos, porque o custo inicial mais alto será compensado por alguns anos a mais de uso. Hondas custam mais do que Kias, ferramentas de qualidade para empreiteiros custam mais do que as de uma loja de ferragens de esquina, e assim por diante.

O mesmo conceito se aplica ao mercado de ações. Empresas duráveis – ou seja, empresas com fortes vantagens competitivas – são mais valiosas do que empresas que correm o risco de se desvalorizar em questão de meses porque jamais tiveram muita vantagem sobre a concorrência. Esta é a maior razão pela qual os fossos econômicos devem ser importantes para você enquanto investidor: empresas com fossos são mais valiosas do que empresas sem fossos. Isto é, se conseguir identificar quais empresas têm fossos econômicos, você pagará apenas por empresas que realmente valem a pena.

Para entender por que os fossos aumentam o valor das empresas, vamos pensar no que determina o valor de uma ação. Cada ação de uma empresa dá ao investidor uma participação (muito) pequena nessa empresa. Assim como o valor presente[2] de um prédio de apartamentos é o custo do aluguel que será pago por seus inquilinos menos as despesas de manutenção, o valor presente de uma empresa é o dinheiro que esperamos que ela gere ao longo de sua vida menos o que a empresa precisar gastar na manutenção e expansão de seus negócios.

Assim, vamos comparar duas empresas, ambas crescendo aproximadamente no mesmo ritmo e ambas aplicando aproximadamente a mesma quantidade de capital para gerar a mesma quantidade de caixa. Uma das empresas tem fosso econômico, então deve ser capaz de reinvestir esses fluxos de caixa com alta taxa de retorno por uma década ou mais. A outra empresa não tem fosso, o que significa que os retornos sobre o capital provavelmente cairão assim que a concorrência entrar em cena.

A empresa com o fosso vale mais hoje porque vai gerar lucros econômicos por um longo período. Quando você compra ações da empresa com fosso, está comprando um fluxo de caixa protegido da concorrência por muitos anos. É como pagar mais caro por um carro que você pode dirigir por uma década, em vez de comprar um carro velho que provavelmente vai quebrar em poucos anos.

---

2   Para calcular o valor presente, ajustamos a soma desses fluxos de caixa futuros para seu tempo e certeza. Um dólar na mão é mais valioso do que um dólar voando, por assim dizer, e o dinheiro que estamos confiantes de receber no futuro vale mais do que os fluxos de caixa que temos menos certeza de receber. Examinarei alguns princípios básicos de avaliação nos Capítulos 12 e 13, portanto não se preocupe se isso ainda não estiver claro.

Na Figura 1.1, o tempo está no eixo horizontal e os retornos sobre o capital investido estão no eixo vertical. Observe que os retornos sobre o capital da empresa do lado esquerdo – aquela com o fosso econômico – demoram mais para cair, porque a empresa é capaz de manter os concorrentes afastados por mais tempo. A empresa sem fosso, à direita, está sujeita a uma concorrência muito mais intensa, de modo que seus retornos sobre o capital diminuem bem mais rapidamente. A área escura é o valor econômico agregado gerado pelas empresas, que você pode ver como é maior para a empresa que possui fosso.

Figura 1.1 Empresa com fosso econômico versus empresa sem fosso

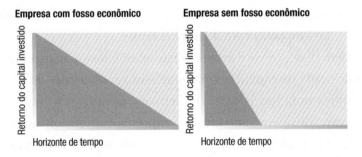

Sendo assim, uma boa razão para os fossos serem importantes para você enquanto investidor é que eles aumentam o valor das empresas. A identificação dos fossos será de grande ajuda ao escolher quais empresas comprar e ao decidir o preço a pagar por elas.

Os fossos são importantes por muitas razões

Quais outros motivos fazem os fossos serem parte essencial do seu processo de seleção de ações?

Pensar em fossos pode proteger seu capital de investimento de várias maneiras. Por um lado, impõe disciplina ao investimento, tornando menos provável que você pague demais por uma empresa em crescimento com vantagem competitiva instável. Altos retornos sobre o capital *sempre* serão eliminados em algum momento, e para a maioria das empresas – e seus investidores – a regressão é rápida e dolorosa.

Pense nos varejistas jovens, outrora em ascensão, cujas marcas agora estão em decadência, ou nas empresas de tecnologia de rápido crescimento cuja vantagem competitiva desapareceu da noite para o dia quando outra empresa lançou um dispositivo melhor no mercado. É fácil ser arrebatado por grandes margens de lucro e crescimento rápido, mas a *duração* desses grandes lucros é o que realmente importa. Os fossos nos fornecem a estrutura para separar as ações "hoje aqui, amanhã não mais" das empresas com aderência real.

Além disso, se você estiver certo sobre o fosso, as suas chances de perda de capital permanente – isto é, de perder de forma definitiva uma tonelada de dinheiro em seu investimento – diminuem consideravelmente. As empresas com fossos são mais propensas a aumentarem de forma confiável seu valor intrínseco ao longo do tempo; portanto, se você acabar comprando ações com uma avaliação que seja um pouco alta (em retrospecto), o crescimento do valor intrínseco protegerá os retornos do seu investimento. As empresas sem fossos são mais propensas a sofrerem quedas bruscas e repentinas em seu valor intrínseco quando atingem lombadas competitivas, e isso significa que você deve pagar menos por essas ações.

As empresas com fossos também têm maior resiliência, porque podem recorrer à vantagem competitiva estrutural e têm maior probabilidade de se recuperarem de problemas temporários. Pense nos lançamentos desastrosos, pela Coca-Cola, da New Coke anos atrás e da C2 mais recentemente: ambos foram fracassos completos que custaram muito dinheiro à empresa, mas, como a Coca-Cola pode recorrer à sua marca principal, nenhum desses erros acabou com a empresa.

A Coca-Cola também demorou muito para reconhecer a mudança nas preferências do consumidor de bebidas não gaseificadas, como água e suco, e essa foi a grande razão do crescimento anêmico da empresa nos últimos anos. Ainda assim, como a Coca-Cola controla seus canais de distribuição, ela conseguiu uma leve recuperação lançando a água Dasani e impulsionando outras marcas não gaseificadas recém-adquiridas por esses canais.

Da mesma forma, olhe para os problemas do McDonald's no início desta década. Os restaurantes de refeição rápida são um negócio incrivelmente competitivo, então você poderia pensar que uma empresa que deixasse o atendimento ao cliente decair e falhasse em entender as mudanças nos gostos dos consumidores seria um desastre completo. De fato, foi assim que a imprensa de negócios em sua maioria retratou o restaurante em 2002 e 2003. No entanto, a icônica marca do McDonald's e sua enorme escala permitiram que ele se reequilibrasse e se recuperasse como uma cadeia de restaurantes sem fosso não conseguiria fazer.

Essa resiliência das empresas com fossos é um enorme apoio psicológico para o investidor que procura comprar empresas maravilhosas a preços razoáveis, porque empresas de alta qualidade só passam a ter bons valores quando algo dá errado. Apesar disso, se você analisar o fosso da empresa antes que ela se torne barata, isto é, antes que as manchetes mudem de brilhantes para sombrias, você terá mais informações para saber se os problemas da empresa são temporários ou terminais.

Por fim, os fossos podem ajudá-lo a definir aquilo que é chamado de "círculo de competência". A maioria dos investidores se sai melhor quando limita seus investimentos a uma área que conhece bem – empresas de serviços financeiros ou ações de tecnologia, por exemplo – em vez tentar lançar uma rede grande demais. Em vez de se tornar um especialista em um conjunto de indústrias, por que não se tornar um especialista em empresas com vantagens competitivas, independentemente do negócio em que estão? Você limitará um universo de investimentos vasto e impraticável a um menor, composto por empresas de alta qualidade que pode entender bem.

A sorte está a seu lado, porque é exatamente isso o que eu quero fazer por você com este livro: torná-lo um especialista em reconhecer fossos econômicos. Se você puder ver fossos onde outros não veem, pagará preços de ocasião pelas grandes empresas do futuro. Outro aspecto de igual importância: se puder reconhecer as empresas sem fosso que estão sendo precificadas no mercado como se tivessem vantagens competitivas duráveis, você evitará ações que podem prejudicar seu portfólio.

Conclusões

1. A compra de ações significa que você possui uma pequena – ok, *bem pequena* – parte do negócio.

2. O valor de uma empresa é igual a todo o caixa que ela deve gerar no futuro.

3. Um negócio que pode gerar dinheiro em caixa de forma lucrativa por um longo tempo vale mais hoje do que um negócio que pode ser lucrativo apenas por um curto período.

4. O retorno sobre o capital é a melhor maneira de avaliar a lucratividade da empresa. Ele mede se a empresa é boa em receber o dinheiro dos investidores e gerar retorno sobre ele.

5. Os fossos econômicos podem proteger as empresas da concorrência, ajudando-as a ganhar mais dinheiro por muito tempo e, portanto, tornando-as mais valiosas para o investidor.

Capítulo 2 – Fossos errados

Não se deixe enganar por vantagens competitivas ilusórias.

Existe um ditado popular no mundo dos investimentos que diz o seguinte: "Aposte no jóquei, não no cavalo". É a noção de que a qualidade da equipe de gestão é mais importante do que a qualidade do negócio. Suponho que nas corridas de cavalo isso faça sentido. Afinal de contas, os cavalos de corrida são criados e treinados para correrem rápido e, portanto, o campo em que os cavalos atuam parece relativamente nivelado. Eu posso estar errado aqui, pois jamais estive em uma corrida de cavalos, mas acho que é justo dizer que as mulas e os pôneis de Shetland não são páreo para os cavalos puro-sangue.

No mundo dos negócios é diferente. No mercado de ações, as mulas e os pôneis de Shetland correm contra os puros-sangues, *sim*, e nem o melhor jóquei do mundo pode fazer muita coisa se sua montaria estiver a apenas algumas semanas de se aposentar das corridas. Por outro lado, mesmo um jóquei inexperiente provavelmente se sairia melhor do que a média montando um cavalo que ganhou o Kentucky Derby. Como investidor, o seu trabalho é focar os cavalos, e não os jóqueis.

Por quê? Porque a coisa mais importante a se lembrar a respeito dos fossos é que eles são as características estruturais de um negócio que provavelmente persistirão por vários anos e que dificilmente poderiam ser replicadas por algum concorrente.

Os fossos dependem menos do brilhantismo da gestão, isto é, da maneira como a empresa joga as cartas que recebe, e mais da "mão" de cartas que a empresa possui inicialmente. Indo além na analogia do jogo, o melhor jogador de pôquer do mundo com um par de coringas tem poucas chances contra um amador com um *straight flush*.

Embora existam momentos em que estratégias inteligentes possam criar vantagem competitiva em um setor difícil (pense na Dell, ou na Southwest Airlines), a verdade nua e crua é que algumas empresas estão estruturalmente mais bem posicionadas do que outras. Mesmo mal administrados, tanto uma empresa farmacêutica quanto um banco produzirão retornos de capital a longo prazo que deixarão a melhor refinaria ou empresa de autopeças comendo poeira. Um porco usando batom ainda é um porco.

Como, em geral, Wall Street é muito focada em resultados de curto prazo, é fácil confundir boas notícias passageiras com as características da vantagem competitiva de longo prazo. Na minha experiência, os "fossos errados" mais comuns são: *ótimos produtos, forte participação de mercado, ótima execução* e *excelente gestão*. Essas quatro armadilhas podem levá-lo a pensar que a empresa tem um fosso, quando existem boas chances de que, na verdade, ela não tenha.

Fosso... ou armadilha?

Ótimos produtos raramente fazem um fosso, embora possam certamente extrair resultados a curto prazo. Por exemplo, a

Chrysler praticamente imprimiu dinheiro por alguns anos quando lançou a primeira minivan na década de 1980. É claro que, em um setor em que grandes margens de lucro são difíceis de obter, esse sucesso não passou despercebido às concorrentes, que correram para lançar suas próprias minivans. Nenhuma característica estrutural do mercado automobilístico impediu que outras marcas entrassem no *pool* de lucros da Chrysler, então elas destruíram a festa das minivans rapidamente.

Compare essa experiência com a de um pequeno fornecedor de autopeças chamado Gentex, que introduziu um espelho retrovisor com escurecimento automático pouco tempo depois que as minivans da Chrysler entraram em cena. A indústria de autopeças não é menos feroz do que o mercado de veículos, mas a Gentex tinha uma série de patentes de seus retrovisores, o que significava que outras empresas não conseguiriam competir com ela. O resultado foram grandes margens de lucro para a Gentex por muitos anos. E a empresa ainda registra retornos sobre o capital investido acima de 20% mais de duas décadas depois que seu primeiro espelho chegou ao mercado.

Vamos repetir para quem não entendeu: a menos que a empresa tenha um fosso econômico que proteja seus negócios, a concorrência logo baterá à sua porta e engolirá seus lucros. Wall Street está repleta de moscas mortas, empresas que entraram em queda livre em um piscar de olhos.

Você lembra do Krispy Kreme? Seus donuts eram ótimos, mas a empresa não tinha um fosso econômico – os consumidores facilmente mudam para uma marca diferente de donuts ou reduzem o seu consumo (aprendi essa lição da maneira mais difícil). Ou que tal a Tommy Hilfiger, cujas coleções estiveram na moda por muitos anos? A distribuição excessivamente zelosa manchou a marca, as roupas da Tommy acabaram nas prateleiras de liquidação e a empresa despencou de um penhasco financeiro. E, claro, como esquecer o Pets.com, o eToys e todos os outros sites de comércio eletrônico que agora são apenas notas de rodapé na história da bolha da Internet?

Mais recentemente, a mania do etanol é um exemplo elucidativo. A confluência de vários eventos em 2006, incluindo altos preços do petróleo bruto, capacidade de refino apertada, mudança nos padrões da gasolina e safra abundante de milho (o principal insumo do etanol nos Estados Unidos), levou a margens operacionais suculentas de 35% para os produtores de etanol mais rentáveis, e rentabilidade sólida para quase todos os produtores. Wall Street promoveu o etanol como a novidade da vez. Infelizmente para os investidores que valorizavam as ações de etanol como se pudessem sustentar altos lucros, o etanol é o clássico negócio sem fosso. É uma indústria de commodities sem possibilidade de vantagem competitiva (nem mesmo de escala, já que uma grande usina de etanol estaria na verdade em desvantagem de custo porque extrairia milho de uma área muito maior, elevando os custos dos insumos, e teria que processar toda a produção residual, que consome muito gás natural). Então, você pode adivinhar o que aconteceu em seguida.

Um ano depois, os preços do petróleo ainda estavam altos e a capacidade de refino nos Estados Unidos ainda era restrita, mas os preços do milho dispararam, as refinarias mudaram para o novo padrão de gasolina e muito mais produtores de etanol entraram no mercado. Como resultado, as margens operacionais despencaram para todos os produtores de etanol, chegando a ser negativas para um dos maiores produtores. *Sem fosso econômico, os resultados financeiros de uma empresa podem mudar de uma hora para outra.*

Para ser justo, ocasionalmente é possível pegar o sucesso de um produto ou serviço bem-sucedido e alavancá-lo em um fosso econômico. Veja a Hansen Natural, que comercializa a marca de bebidas energéticas Monster, que surgiu no mercado no início da década passada. Em vez de dormir sobre os louros, a Hansen usou o sucesso da Monster para garantir um acordo de distribuição de longo prazo com a gigante de bebidas Anheuser-Busch, dando-lhe vantagem sobre a concorrência no mercado de bebidas energéticas.

Quem quiser competir com a Monster agora precisa superar a vantagem de distribuição da Hansen. É impossível fazer isso? Claro que não, porque Pepsi e Coca-Cola têm suas próprias redes de distribuição. No entanto, isso ajuda a proteger o fluxo de lucro da Hansen e torna mais difícil para a próxima bebida energética novata chegar aos consumidores. Essa é a essência do fosso econômico.

E quando falamos de uma empresa que fez sucesso por muitos anos e agora é um grande *player* em seu setor? Empresas com grandes participações de mercado certamente têm fossos econômicos, não?

Infelizmente, ser o maior não necessariamente significa ser o melhor quando se trata de cavar o fosso econômico. É muito fácil supor que uma empresa com alta participação de mercado tenha vantagem competitiva sustentável. De que outra forma ela conquistaria uma grande fatia do mercado? Só que a história nos mostra que a liderança pode ser passageira em mercados altamente competitivos. Kodak (filmes), IBM (PCs), Netscape (navegadores de Internet), General Motors (automóveis) e Corel (softwares de processamento de texto) são apenas algumas empresas que descobriram isso.

Em cada um desses casos, a empresa dominante cedeu uma fatia de mercado significativa para um ou mais desafiantes, porque não conseguiu construir – ou manter – o fosso em volta de seus negócios. Portanto, a pergunta a ser feita não é *se* a empresa tem alta participação de mercado, e sim *como* a empresa alcançou essa participação, o que lhe dará a visão de quão defensável será essa posição dominante.

Em alguns casos, a alta participação de mercado faz pouca diferença. Por exemplo, na indústria de aparelhos ortopédicos (quadris e joelhos artificiais) até mesmo os *players* menores geram retornos muito sólidos sobre o capital investido, e as participações de mercado mudam muito lentamente. Existe relativamente pouco benefício em ser grande nesse mercado, porque os cirurgiões ortopédicos normalmente não tomam decisões de implantes com base no preço.

Além disso, os custos de troca são os mesmos para todos os participantes do setor, independentemente do tamanho, além de serem relativamente altos, porque o dispositivo de cada empresa é implantado de maneira ligeiramente diferente; portanto, os médicos tendem a continuar usando os dispositivos de uma só empresa. Fora isso, as inovações tecnológicas são incrementais, então não há muito benefício em se ter um orçamento de pesquisa desproporcional.

Assim, o tamanho *pode* ajudar a empresa a criar a vantagem competitiva – leia mais a respeito no Capítulo 7 –, mas raramente é a fonte do fosso econômico por si só. Da mesma forma, a alta participação de mercado não é necessariamente o fosso.

E quanto à eficiência operacional, muitas vezes rotulada como "ótima execução"? Algumas empresas são elogiadas por serem boas tanto na defesa como no ataque, e a experiência mostra que algumas empresas conseguem atingir metas de forma mais confiável do que as concorrentes. Saber controlar os gastos não é uma vantagem competitiva?

Infelizmente, não! Sem alguma vantagem competitiva estrutural, não basta ser mais eficiente do que a concorrência. Na verdade, se o sucesso de uma empresa se baseia em ser mais enxuta e econômica do que seus pares, é provável que ela opere em um setor muito difícil e competitivo, no qual a eficiência é a única maneira de prosperar. Ser mais eficiente do que seus pares é uma boa estratégia, mas não é uma vantagem competitiva sustentável, a menos que se baseie em algum processo proprietário que não possa ser facilmente copiado.

Os CEOs talentosos aparecem em quarto lugar no nosso desfile de fossos equivocados. Uma equipe de gestão forte pode muito bem ajudar a empresa a ter um desempenho melhor. Se todo o resto for igual, certamente é preferível possuir uma empresa dirigida por gênios do que uma empresa cuja gestão é feita por perdedores. No entanto, ter uma pessoa inteligente no comando não é uma vantagem competitiva sustentável por um bom número de razões. Para citar uma, os poucos estudos feitos para tentar isolar o efeito das decisões dos gestores mostram que o impacto da gestão no desempenho corporativo não é muito grande, além de controlar a indústria e vários outros fatores. Isso faz sentido, uma vez que o impacto prático que uma única pessoa pode ter em uma grande organização provavelmente não é muito expressivo na maioria dos casos.

E, mais importante ainda, a escolha de grandes gestores provavelmente não será um esforço útil para o futuro. O nosso objetivo na identificação dos fossos é ter algum senso de confiança na sustentabilidade do desempenho futuro da empresa. Afinal de contas, executivos vêm e vão, especialmente em uma época na qual a contratação de um CEO superstar pode aumentar instantaneamente o valor de mercado de uma empresa em bilhões de dólares. Como sabemos se o gestor brilhante, em quem depositamos as nossas esperanças de um desempenho superior, ainda estará com a empresa daqui a três anos? De modo geral, nós não sabemos (leia mais sobre gestão no Capítulo 10).

E, por fim, eu diria que avaliar o brilhantismo da gestão é muito mais fácil *ex post* do que *ex ante*: pense por um momento em todas as estrelas em ascensão no firmamento dos executivos que acabaram despencando na terra. A diferença entre John Chambers, CEO da Cisco Systems, e Kenneth Lay, da Enron, é muito mais fácil de ser reconhecida com o benefício de uma visão 20/20 *a posteriori*. Talvez seja por isso que você raramente vê listas de "grandes gestores da próxima década" na imprensa de negócios. Em vez disso, o que você vê são apenas pesquisas e estudos retrospectivos que assumem que o desempenho financeiro ou do preço das ações de uma empresa é em grande parte atribuível ao CEO. Pesquisas com os principais gestores corporativos solicitando opiniões sobre seus pares sofrem do mesmo viés.

Estes fossos são bons negócios

Então, se ótimos produtos, alta participação de mercado, operações eficientes e executivos inteligentes são sinais pouco confiáveis de fosso econômico, o que você deve procurar? Eis a lista:

- A empresa deve ter *ativos intangíveis*, como marcas, patentes ou licenças regulatórias que permitam a venda de produtos ou serviços que não podem ser igualados pelas concorrentes.

- Os produtos ou serviços que a empresa vende devem ser

de difícil desistência para os clientes, pois criam *custos de troca* que dão à empresa o poder da precificação.

- Algumas empresas de sorte se beneficiam da *economia de rede*, que é um tipo muito poderoso de fosso econômico, porque pode bloquear as concorrentes por um longo tempo.

- Por fim, algumas empresas possuem *vantagens de custo* decorrentes de processos, localização, escala ou acesso a ativos exclusivos, o que lhes permite a oferta de bens ou serviços a custo menor do que as concorrentes.

Em nossa experiência na Morningstar, essas quatro categorias cobrem a grande maioria das empresas com fossos: o uso delas como filtro vai orientá-lo na direção certa. Nós analisamos minuciosamente a posição competitiva de milhares de empresas em todo o mundo nos últimos anos, portanto essas quatro características resumem um conjunto de dados muito grande.

Essa estrutura para a identificação dos fossos econômicos difere muito do que foi escrito no passado a respeito da vantagem competitiva. Achamos que alguns negócios são simplesmente melhores do que outros – *melhores* aqui quer dizer "mais propensos a gerar altos retornos sustentáveis de capital" – e que existem coisas específicas que você pode procurar para ajudá-lo a separar as melhores empresas das demais. Você não verá essa mensagem com frequência ao ler livros sobre estratégia ou negócios, e a razão disso é simples.

A maioria das pessoas que escrevem sobre vantagem competitiva está vendendo ideias para gestores corporativos e, portanto, concentra-se em estratégias genéricas que qualquer empresa pode adotar para melhorar ou manter a posição competitiva. Essas pessoas querem que suas ideias sejam aplicáveis ao público mais amplo possível. Então, a mensagem típica é do tipo: "Qualquer empresa pode se tornar uma empresa de alto desempenho ao seguir esses princípios, essas estratégias, esses objetivos".

Isso é útil se você for um executivo corporativo dedicado, que tenta melhorar o desempenho da sua empresa. Também é útil se você estiver tentando vender um livro sobre estratégia para esses mesmos executivos, pois um conjunto de princípios amplamente aplicável e uma mensagem positiva convencerão muitas pessoas a comprarem as suas ideias. Afinal de contas, uma lista direta das características específicas das grandes empresas provavelmente não será popular entre gestores cujas empresas não tiverem essas características.

Enquanto investidores, nós não estamos presos à tentativa de fazer do limão uma limonada, como fazem os executivos que procuram liderar empresas através de indústrias brutalmente competitivas. Em vez disso, nós podemos pesquisar todo o cenário de investimentos, procurar as empresas que demonstrem sinais de fossos econômicos e concentrar a nossa atenção nessas candidaturas promissoras. Se alguns setores são estruturalmente mais atraentes do que outros, podemos gastar mais tempo investigando-os, pois as nossas chances de encontrar empresas com fosso econômico serão maiores. Podemos até descartar faixas inteiras do mercado se não acharmos que elas têm características competitivas atraentes.

O que nós precisamos saber, enquanto investidores em busca de empresas com fosso econômico, é como reconhecer a vantagem competitiva quando a avistamos – independentemente do tamanho, da idade ou do setor da empresa. Princípios genéricos como "manter o foco no núcleo" não dão conta do recado, pois podem ser aplicados a quase todas as empresas. Precisamos de características específicas que ajudem a separar as empresas com vantagens competitivas das empresas sem vantagens competitivas.

Em *Empresas feitas para vencer* (Alta Books, 2018), o autor Jim Collins escreveu: "A grandeza não é uma questão de circunstância". Eu respeitosamente discordo. Na minha opinião, a grandeza é em grande parte uma questão de circunstância e começa com uma dessas quatro vantagens competitivas. Se você puder identificá-las, estará à frente da maioria dos investidores na busca pelos melhores negócios.

Conclusões

1. Fossos são características estruturais inerentes a um negócio, e a dura verdade é que alguns negócios são simplesmente melhores que outros.

2. Ótimos produtos, ótimo tamanho, ótima execução e excelente gestão não criam vantagens competitivas de longo prazo. São coisas boas de se ter, mas não são suficientes.

3. As quatro fontes de vantagem competitiva estrutural são ativos intangíveis, custos de troca para os clientes, efeito de rede e vantagens de custo. Se conseguir encontrar uma empresa com retornos sólidos sobre o capital e uma dessas características, você provavelmente já encontrou uma empresa com fosso.

Capítulo 3 – Ativos intangíveis

Você não pode comprá-los em uma loja, mas com certeza são valiosos.

"Ativos intangíveis" soa como uma categoria para ganhar vantagem competitiva e, de certa forma, é isso. À primeira vista, marcas, patentes e licenças regulatórias têm pouca coisa em comum, mas, assim como fossos econômicos, todas funcionam essencialmente da mesma maneira: estabelecem uma posição única no mercado. Qualquer empresa com uma dessas vantagens tem um minimonopólio, permitindo extrair muito valor dos seus clientes.

Por outro lado, os fossos baseados em ativos intangíveis podem não ser tão fáceis de identificar quanto você pensa. As marcas podem perder seu brilho, as patentes podem ser contestadas e as licenças podem ser revogadas pelo mesmo governo que as concedeu. Vamos abordar as marcas em primeiro lugar.

Marcas populares são marcas lucrativas, certo?

Um dos erros mais comuns que os investidores cometem em relação a marcas é supor que uma marca conhecida confere vantagem competitiva ao seu proprietário. Na verdade, nada poderia estar mais longe da verdade. A marca só cria o fosso econômico se deixa o consumidor mais disposto a pagar por ela ou se aumenta a fidelização do cliente. Afinal de contas, custa dinheiro construir e sustentar marcas, e, se esse investimento não gerar retorno por meio de algum poder de precificação ou repetição de negócios, ele não cria uma vantagem competitiva.

Da próxima vez que você olhar para uma empresa com uma marca de consumo bem conhecida – ou para uma empresa que argumenta que sua marca é valiosa em determinado nicho de mercado –, pergunte se a empresa é capaz de cobrar um preço *premium* em relação aos produtos concorrentes semelhantes. Se não for, a marca pode não valer muito.

Veja a Sony, por exemplo, que certamente é uma marca conhecida. Agora pergunte a si mesmo se você pagaria mais por um DVD player apenas pelo nome Sony em comparação com um equipamento semelhante da Philips Electronics, da Samsung ou da Panasonic. São boas as chances de que você não faria isso – pelo menos a maioria das pessoas não o faria –, porque para os consumidores os recursos e o preço geralmente importam mais do que as marcas na compra de produtos eletrônicos.

Agora compare a Sony com duas empresas que vendem produtos muito diferentes: a joalheria Tiffany & Company e a fornecedora de produtos de construção USG Corporation. O que essas três empresas têm em comum é que todas vendem produtos que não são muito diferentes dos vendidos pelas concorrentes. Tire o rótulo da Sony e os seus equipamentos parecerão iguais a qualquer outro. Remova o diamante Tiffany da caixa azul e ele não será diferente daquele vendido pela Blue

Nile ou Borsheims. E o *drywall* da marca "Sheetrock" da USG é exatamente o mesmo *drywall* vendido pelas concorrentes.

A Tiffany, porém, consegue cobrar muito mais dos consumidores, em média, por diamantes com as mesmas especificações dos vendidos pelas concorrentes, principalmente porque eles vêm em uma bonita caixa azul. Por exemplo, enquanto este parágrafo foi escrito, um diamante de 1,08 quilate com lapidação ideal na cor G e pureza VS1 montado em uma pulseira de platina foi vendido por US$ 13.900 pela Tiffany. Um anel de diamante do mesmo tamanho, cor, pureza, corte e uma pulseira de platina semelhante foram vendidos por US$ 8.948 na Blue Nile (como essa caixa azul é cara!). A história da USG é ainda mais incrível, porque, ao contrário da Tiffany – que é uma marca de luxo e logicamente conseguiria cobrar por um artigo *premium* –, a USG vende *drywall* igual ao produto mais comum que se possa imaginar. É, basicamente, a mesma placa de gesso das concorrentes. Confira como a USG descreve o Sheetrock:

> "[…] núcleo de gesso resistente ao fogo envolto em uma face externa de papel 100% reciclado com acabamento natural e uma face interna de papel de revestimento 100% reciclado. O papel da face externa é dobrado em volta das bordas longas para reforçar e proteger o núcleo, e as extremidades são cortadas em quadrado e com acabamento liso. As bordas longas dos painéis são afuniladas, permitindo que as juntas sejam reforçadas e ocultas com o Sistema de Acabamento Interno USG."

Agora, compare isso com a descrição de um concorrente desse painel:

"[...] núcleo de gesso resistente ao fogo que é envolto em papel de acabamento natural 100% reciclado na face externa e papel de revestimento resistente na face interna. O papel externo é dobrado em torno das bordas longas para reforçar e proteger o núcleo, com as extremidades sendo cortadas em quadrado e com acabamento liso. As bordas longas dos painéis são afuniladas, permitindo que as juntas sejam reforçadas e ocultas com um sistema composto de juntas."

As duas descrições são as mesmas, quase palavra por palavra. Mas o Sheetrock de maneira geral custa 10% a 15% a mais porque a USG comercializa fortemente no segmento de construção e conquistou uma reputação de durabilidade e resistência.

Se uma empresa pode cobrar mais do que seus pares pelo mesmo produto apenas vendendo-o pela marca, muito provavelmente essa marca constitui um formidável fosso econômico. Pense na aspirina da Bayer: é o mesmo composto químico das outras aspirinas, mas a Bayer pode cobrar quase o dobro da aspirina genérica. Essa é uma marca poderosa.

É claro que a capacidade de marcar um produto como uma verdadeira commodity é relativamente rara. A maioria das marcas está ligada a produtos diferenciados, como Coca-Cola, biscoitos Oreo ou carros Mercedes-Benz. Nesses casos, a marca é valiosa porque reduz os custos de busca de clientes, mas não necessariamente dá à empresa poder de precificação. Em outras palavras, você sabe qual será o sabor de um refrigerante se estiver com o rótulo de "Coca-Cola", e você sabe que o carro será luxuoso e durável se for fabricado pela Daimler AG – mas Coca-Colas não custam mais do que Pepsis, e carros da Mercedes-Benz não custam mais do que os da BMW.

Uma Coca-Cola e uma Pepsi custam quase a mesma coisa, mas o sabor é diferente. Isso também vale para biscoitos Oreos e Hydrox. A Mercedes-Benz não pode cobrar mais em relação aos carros similares, mas trabalha duro para garantir que seus produtos correspondam à reputação de qualidade e durabilidade que a marca transmite. No entanto, como custa dinheiro produzir carros que duram mais do que a concorrência, é difícil argumentar que a Mercedes-Benz tem a vantagem da lucratividade devido à marca.

O grande perigo de um fosso econômico baseado na marca é que, se a marca perder o brilho, a empresa não poderá mais cobrar o preço *premium*. Por exemplo, a Kraft absolutamente dominava o mercado de queijo ralado, até que os supermercados introduziram produtos de marca própria e os consumidores perceberam que poderiam comprar praticamente a mesma coisa – afinal de contas, queijo processado é queijo processado – por preços mais baixos.

A conclusão é que as marcas *podem* criar vantagens competitivas duráveis, mas a popularidade da marca importa muito menos do que ser uma marca que realmente afeta o comportamento dos consumidores. Se os consumidores pagam mais por um produto – ou se o compram regularmente – apenas por causa da marca, você tem fortes evidências do fosso. Entretanto, existem muitas marcas conhecidas ligadas a produtos e empresas que lutam para obter retornos econômicos positivos.

Os advogados de patentes dirigem carrões

Não seria ótimo ter uma proteção legal para impedir completamente a concorrência de vender o produto que você vende? É isso que as patentes fazem e, embora sejam fontes imensamente valiosas de fossos econômicos, nem sempre são vantagens competitivas tão duradouras quanto você imagina.

Em primeiro lugar, as patentes têm vida finita, e é quase certo que a concorrência chegará rapidamente assim que uma patente lucrativa expirar (pergunte a qualquer grande empresa farmacêutica). Manobras legais às vezes podem prolongar a vida de um produto patenteado, mas adivinhar qual equipe de advogados vencerá uma batalha de patentes é um jogo arriscado, a menos que você se especialize em direito de propriedade intelectual, é claro.

As patentes também não são irrevogáveis. Elas podem ser questionadas e, quanto mais lucrativa for a patente, mais advogados tentarão encontrar maneiras de atacá-la. Muitas empresas de medicamentos genéricos, por exemplo, fazem da contestação das patentes de grandes empresas farmacêuticas uma parte central de seus negócios. Pode ser que sejam bem-sucedidas em apenas uma contestação a cada dez, mas a recompensa por uma contestação bem-sucedida é tão alta que os casos continuam aparecendo.

Em geral, vale a pena ser cauteloso com qualquer empresa que dependa de um pequeno número de produtos patenteados para obter seus lucros, pois qualquer contestação a essas patentes prejudicará bastante a empresa e provavelmente isso será muito difícil de prever. A única forma de as patentes constituírem uma vantagem competitiva verdadeiramente sustentável é se a empresa tiver um histórico comprovado de inovação que você acredita que pode continuar existindo, além de uma ampla variedade de produtos patenteados. Pense na 3M, que possui literalmente milhares de patentes em centenas de produtos, ou em uma grande empresa farmacêutica como a Merck ou a Eli Lilly. Essas empresas desenvolvem patentes há anos, e o sucesso histórico delas dá uma garantia razoável de que seus produtos atualmente patenteados serão eventualmente substituídos por novos produtos patenteados.

As marcas são muito parecidas com as patentes, pois muitas vezes parecem vantagens competitivas quase intransponíveis e são exemplos clássicos de como o capital sempre busca as áreas de maior retorno. É por isso que elas são atacadas com tanta frequência. Na Morningstar, normalmente atribuímos fossos apenas a empresas com portfólios de patentes diversificadas e históricos de inovações. As empresas cujo futuro depende de um único produto patenteado geralmente prometem retornos futuros que parecem bons demais para ser verdade. E, muitas vezes, é exatamente isso que eles são.

Uma ajudinha do sistema

A categoria final dos ativos intangíveis que podem criar uma vantagem competitiva duradoura é a das licenças regulatórias que dificultam – ou impossibilitam – a entrada de concorrentes no mercado. Normalmente, essa vantagem é mais poderosa quando uma empresa precisa de autorização regulatória para operar em um mercado, mas não está sujeita a supervisão econômica em relação à forma como precifica seus produtos. Pense, por exemplo, no contraste entre as empresas de serviços públicos e as farmacêuticas. Nenhuma delas pode vender seus produtos (energia ou medicamentos) aos consumidores sem autorização, mas os reguladores controlam o que a concessionária pode cobrar, ao passo que a FDA (Food and Drug Administration) dos Estados Unidos não tem voz sobre os preços dos medicamentos. Não é surpreendente que as empresas farmacêuticas sejam atualmente muito mais lucrativas do que as empresas de serviços públicos.

Em suma, se conseguir encontrar uma empresa que pode precificar como monopólio sem ser regulamentada como tal, você provavelmente achou uma empresa com fosso econômico largo.

O setor de classificação de títulos é um ótimo exemplo de alavancagem da vantagem regulatória em uma posição quase monopolista. Para fornecer classificações para títulos emitidos nos Estados Unidos, a empresa precisa receber a designação de "organização de classificação estatística reconhecida nacionalmente". Assim, de imediato, qualquer potencial concorrente das incumbentes sabe que precisará passar por uma fiscalização regulatória onerosa se quiser competir nesse setor. Então, não surpreende que as empresas que avaliam títulos sejam absurdamente lucrativas. A Moody's Investors Service, por exemplo, oferece margens operacionais acima de 50% (isso não é um erro de digitação) e retornos sobre o capital de cerca de 150%.

Ainda assim, você não precisa avaliar títulos para desfrutar de forte vantagem competitiva com base em autorização regulatória. Olhe para a indústria de caça-níqueis, tão distante do sóbrio negócio de títulos quanto é possível imaginar.

Como era de se esperar, os caça-níqueis são fortemente regulamentados para garantir que as máquinas não ofereçam aos cassinos mais do que a vantagem legalmente exigida, e para evitar que pessoas inescrupulosas manipulem as máquinas para ganho pessoal. Não é fácil obter autorização para fabricar e vender máquinas caça-níqueis, e a perda dessa autorização pode ser financeiramente devastadora. Um dos menores *players* do setor, a WMS Industries, perdeu temporariamente a autorização regulatória em 2001 depois de uma falha de software, e levou três anos para recuperar seu nível de lucro anterior à falha.

Mesmo assim, as barreiras regulatórias são suficientemente onerosas para que existam apenas quatro *players* significativos na indústria de caça-níqueis nos Estados Unidos, e não aparece um novo concorrente há muitos anos. Você poderia esperar que algum novato aproveitasse os problemas do WMS para entrar no setor, já que vender caça-níqueis é um negócio muito lucrativo. Só que isso não aconteceu, em parte porque as barreiras regulatórias são muito altas.

As empresas que oferecem diplomas de ensino superior, como a Strayer Education ou o Apollo Group, também precisam de aprovações regulatórias, chamadas de *accreditation*, ou certificação. Existem certificações de diferentes níveis nos Estados Unidos, e a mais valiosa – a que facilita a transferência de créditos para as universidades públicas – não é nada fácil de obter.

Ter a certificação é uma enorme vantagem competitiva por si só, porque o diploma de uma escola não certificada vale bem menos para os alunos do que o de uma escola certificada. Além disso, apenas as escolas certificadas podem aceitar os empréstimos estudantis subsidiados pelo governo federal e, como eles são uma enorme fonte de receita para a maioria das instituições educacionais não especializadas, os potenciais concorrentes ficam ainda mais em desvantagem. Basicamente, uma escola não consegue competir com aquelas já estabelecidas neste setor altamente lucrativo sem ser certificada, e a certificação é concedida após muita relutância pelas agências reguladoras.

A Moody's, a indústria de caça-níqueis e a indústria de educação com fins lucrativos são exemplos de licenças ou autorizações únicas que dão às empresas vantagens competitivas sustentáveis. No entanto, esse tipo de fosso nem sempre se baseia em apenas uma grande licença. Às vezes, uma coleção de aprovações menores e difíceis de obter pode cavar um fosso igualmente largo.

O meu exemplo favorito disso é o que chamo de empresas NIMBY (*not in my backyard*, ou "no meu quintal, não"), como as transportadoras de resíduos e as produtoras de agregados. Afinal de contas, quem quer um aterro sanitário ou uma pedreira localizada em seu bairro? Quase ninguém, o que significa que os aterros e as pedreiras existentes são extremamente valiosos. Como tal, obter novas aprovações é quase impossível.

O lixo e o cascalho podem não parecer empolgantes, mas o fosso criado por dezenas de miniaprovações é muito durável. Afinal de contas, empresas como transportadoras de lixo e empresas de agregados contam com centenas de aprovações em nível municipal que provavelmente não desaparecerão em massa da noite para o dia.

O que realmente torna essas pedreiras e esses aterros autorizados localmente muito valiosos para empresas como a Waste Management e a Vulcan Materials é que resíduos e cascalho são negócios inerentemente locais. Não é possível despejar o lixo de forma lucrativa a centenas de quilômetros de onde ele é coletado, assim como não é possível transportar agregados por uma distância maior do que 70 ou 80 quilômetros de uma pedreira sem praticar preços inviáveis (o lixo é pesado e o cascalho é mais pesado ainda). Assim, as aprovações locais para aterros e pedreiras criam dezenas de minifossos nessas indústrias.

Agora, compare resíduos e cascalho com outra indústria que tem fortes características NIMBY: a de refino. Embora nenhuma nova refinaria tenha sido construída nos Estados Unidos há décadas, e as aprovações locais para a expansão das refinarias existentes sejam muito difíceis de obter, a situação econômica de uma refinaria não é melhor do que a de um aterro sanitário ou uma pedreira. A razão é simples: a gasolina refinada tem uma relação valor-peso muito mais alta e pode ser transportada de maneira muito barata por meio de oleodutos.

Assim, quando uma refinaria tenta aumentar os preços em determinada área, a gasolina das refinarias mais distantes flui para o local para aproveitar os preços mais altos. Como resultado, embora existam variações regionais nos preços da gasolina, geralmente as refinarias mal conseguem obter retornos de capital próximos a 10% ao longo de um ciclo, enquanto produtores de agregados e transportadoras de resíduos desfrutam de retornos muito mais estáveis sobre o capital investido no mercado – aproximadamente 13% a 19% ao longo de muitos anos.

Um fosso já foi, faltam três

Embora os ativos intangíveis sejam exatamente isso – eu não posso tirar uma marca ou uma patente da prateleira e mostrá-la a você –, eles podem ser extremamente valiosos como fontes de vantagem competitiva. A chave para avaliar os ativos intangíveis é imaginar quanto valor eles podem criar para uma empresa e quanto tempo devem durar aproximadamente.

Uma marca bem conhecida, mas que não confere poder de precificação nem promove a captação de clientes, não é uma vantagem competitiva, por mais familiaridade que as pessoas tenham com ela. E uma autorização regulatória que não cria altos retornos sobre o capital não é tão valiosa, como nas refinarias. Por fim, um portfólio de patentes muito vulnerável à contestação legal – talvez por não ser diversificado, ou talvez porque a empresa não tenha nada em andamento para sucedê-lo – não constitui um fosso.

Portanto, quando você encontra uma marca com poder de precificação, uma autorização regulatória que limite a concorrência, ou uma empresa com um conjunto diversificado de patentes e sólido histórico de inovação, as chances de que tenha encontrado uma empresa com fosso são boas.

Conclusões

1. Marcas populares nem sempre são marcas lucrativas. Se a marca não leva os consumidores a pagarem mais, talvez não crie vantagem competitiva.

2. É maravilhoso ter patentes, mas advogados de patentes não são ricos à toa. Contestações legais são o maior risco para o fosso de patente.

3. As regulamentações podem limitar a concorrência. Não é ótimo quando o governo faz algo de bom para você? O melhor tipo de fosso regulatório é aquele criado por uma série de regras de pequena escala, em vez de uma grande regra que pode ser modificada.

Capítulo 4 – Custos de troca

Os clientes grudentos não são incômodos, são uma mina de ouro.

Quando foi a última vez que você trocou de banco?

A menos que tenha trocado recentemente, aposto que a resposta é "Já faz algum tempo". E você não estaria sozinho ao grudar no seu banco atual. Se conversar com banqueiros, você descobrirá que a taxa média de rotatividade dos depósitos é de cerca de 15%, o que implica que o cliente mediano mantém sua conta em um banco por seis a sete anos.

Se parar para pensar sobre isso, você perceberá que é um tempo curiosamente longo. Afinal de contas, o dinheiro é a commodity final, e as contas bancárias não variam muito em termos de características. Por que as pessoas não trocam de banco com frequência em busca de taxas de juros mais altas e taxas de manutenção mais baixas? Afinal de contas, as pessoas desviam alguns quilômetros de seu percurso para economizar alguns centavos por litro de gasolina, e isso representa pouca economia de dinheiro por abastecimento. Com uma conta bancária que não cobrasse nada por taxas de manutenção atrasadas, você poderia facilmente economizar muito mais do que indo naquele posto de gasolina mais barato que fica fora do caminho.

A resposta é bem simples, claro. Trocar do posto de gasolina mais próximo para o mais barato talvez custe 5 a 10 minutos extras. E só. Além disso, você sabe com certeza que esse é o único custo, porque gasolina é gasolina. Já trocar de conta bancária envolve o preenchimento de alguns formulários no novo banco e provavelmente a alteração de quaisquer acordos de depósito direto ou débito automático para o pagamento de contas que você possa ter feito. Assim, o custo conhecido é definitivamente maior do que alguns minutos. Além disso, existe o custo desconhecido do aborrecimento que pode ocorrer se o seu banco atual atrasar ou manusear incorretamente a transferência para o novo banco: o seu salário pode ir para o limbo ou a sua conta de eletricidade pode não ser paga.

Eu tenho certeza de que você sabe por que os bancos são basicamente minas de ouro. Um banco *mediano* nos Estados Unidos obtém retorno sobre o patrimônio de cerca de 15%, um nível de lucratividade claramente acima da média em relação a quase qualquer outro tipo de empresa. Existem muitas razões para isso, mas uma das principais é que os clientes do banco incorrem em *custos de troca* se quiserem mudar de um banco para outro. Falando em termos simples, trocar a conta bancária é uma dor de cabeça real, então as pessoas não fazem isso com muita frequência. Os bancos sabem disso, e assim aproveitam a relutância dos clientes em sair, dando-lhes um pouco menos de juros e cobrando taxas um pouco mais altas do que cobrariam se a troca da conta bancária fosse tão fácil quanto dirigir de um posto de gasolina para outro.

Como você pode ver, os custos de troca (de marcas, fornecedores ou produtos) são uma vantagem competitiva valiosa porque a empresa pode extrair mais dinheiro de seus clientes se for improvável que esses clientes troquem para algum concorrente. Você encontra custos de troca quando o benefício de trocar o produto da Empresa A pelo produto da Empresa B é menor do que os custos de fazer a troca.

A menos que você mesmo use o produto por conta própria – como a conta bancária –, as empresas que se beneficiam dos custos de troca podem ser difíceis de encontrar porque você precisa se colocar no lugar do cliente para realmente entender o equilíbrio entre os custos e os benefícios. Além disso, como qualquer vantagem competitiva, os custos de troca podem se fortalecer ou enfraquecer com o tempo.

Vamos começar com uma empresa de software que provavelmente você conhece: a Intuit, que fabrica o QuickBooks e o TurboTax. A Intuit gerou retornos sobre o capital acima de 30% por oito anos consecutivos, e seus dois produtos emblemáticos retiveram, cada um, mais de 75% de participação em seus respectivos mercados ao impedir de maneira bem-sucedida a concorrência – inclusive a Microsoft mais de uma vez – de devorar as suas principais franquias. Como o exemplo do banco, isso é um tanto surpreendente à primeira vista. A tecnologia muda rapidamente, então não parece provável que a Intuit tenha evitado a concorrência apenas por ter melhores recursos em seu software, e a Microsoft não hesita quando se trata de esmagar as concorrentes. A resposta está nos custos de troca.

Embora as decisões estratégicas da Intuit – como o foco na facilidade de uso e a ampla variedade de versões de software para atender a diferentes consumidores – tenham definitivamente ajudado a empresa, uma grande razão pela qual a Intuit manteve a maior parte do mercado para esses dois produtos é que existem custos de troca significativos para usuários do QuickBooks e do TurboTax.

Se você administra uma pequena empresa e já inseriu todos os dados da sua empresa no QuickBooks, mudar para um programa concorrente custará tempo. Esse tempo é valioso, especialmente para o pequeno empresário que provavelmente desempenha várias funções ao mesmo tempo. Mesmo se o programa concorrente oferecesse algum recurso de importação de dados, é provável que o consumidor quisesse checar os dados importados por conta própria, porque essas informações são a força financeira vital do negócio dele. Portanto, o custo do tempo provavelmente será bastante alto.

Então, da mesma forma que você corre o risco, quando troca de banco, de que suas contas sejam embaralhadas, o pequeno empresário que troca do QuickBooks para um programa concorrente corre o risco de perder o controle de algumas informações financeiras importantes caso alguns dados sejam arquivados incorretamente durante a transição. Se você acha que uma conta de gás não paga por causa de uma conta corrente embaralhada é um problema, imagine o pequeno empresário sem ter dinheiro suficiente para pagar os funcionários porque o programa de contabilidade não enviou a fatura ao cliente.

E os benefícios da troca? Talvez o programa da concorrência seja um pouco mais barato, ou talvez tenha alguns recursos que o QuickBooks não tem. Contudo, os princípios de contabilidade têm cerca de 500 anos (mais ou menos), então não é muito provável que um novo programa de contabilidade possa revolucionar a forma como uma pequena empresa controla suas finanças. Pesando os dois lados, é difícil ver como os benefícios da mudança podem superar os custos, e é por isso que a

Intuit domina o mercado há anos e provavelmente continuará a dominá-lo.

A mesma história poderia ser contada sobre o TurboTax da Intuit, embora os custos de troca sejam um pouco menores porque existem menos dados pessoais incorporados e o código tributário mude todo ano, propiciando ao potencial concorrente uma entrada mais fácil no mercado. Todavia, o produto concorrente ainda precisaria ser significativamente mais fácil de usar, muito mais barato ou mais carregado de recursos para convencer as pessoas – que veem a declaração de impostos como uma tarefa anual irritante – a se darem ao trabalho de aprender a usar um novo programa de preparação de impostos. A maioria das pessoas odeia fazer a declaração de impostos, então por que elas incorreriam no custo adicional de tempo gasto aprendendo sobre um novo programa de preparação de impostos?

Quase inseparáveis

A Intuit é um exemplo clássico de uma categoria ampla de custos de troca referente a empresas que se beneficiam de estreita integração com os negócios de seus clientes. Pequenas empresas continuam usando o QuickBooks porque esse software se tornou parte integrante de suas operações diárias, e desembaraçá-lo de seus negócios para começar do zero com um novo programa de contabilidade seria caro e possivelmente arriscado.

Esse talvez seja o tipo de custo de troca mais comum e nós o vemos em uma ampla variedade de empresas. Observe a Oracle, empresa gigante de software que vende programas maciços de bancos de dados, usados pelas grandes empresas para armazenar e recuperar grandes quantidades de dados.

Como os dados raramente são úteis em forma bruta, os bancos de dados da Oracle geralmente precisam ser conectados a outros programas de software que analisam, apresentam ou manipulam os dados brutos (pense no último item que você comprou on-line: os dados brutos sobre o produto provavelmente estavam em um banco de dados Oracle, mas outros programas os reuniram para mostrar a página da Web na qual você fez a compra).

Então, se uma empresa quisesse trocar de um banco de dados da Oracle para outro vendido por algum concorrente, não só precisaria mover todos os dados sem falhas do banco de dados antigo para o novo, como também teria que reconectar todos os diferentes programas que extraem dados do Oracle. Esse é um plano demorado e caro, para não mencionar arriscado, pois a conversão pode não funcionar, o que pode resultar em grande disrupção nos negócios. O banco de dados concorrente teria que ser fenomenalmente melhor (ou mais barato) do que o banco de dados da Oracle para que alguma empresa optasse por pagar o enorme custo de extrair o seu banco de dados Oracle e instalar outro.

Processadoras de dados e custodiantes de valores mobiliários estão no mesmo campo da Oracle. Empresas como Fiserv, Inc. e State Street Corporation fazem o processamento da área administrativa (*back-office*) para bancos e gestores de ativos. Basicamente, elas fazem todo o processamento de dados pesado e a manutenção de registros que mantêm muitos bancos e gestoras de ativos funcionando sem problemas. Essas empresas ficam tão fortemente integradas aos negócios de seus clientes que muitas vezes apresentam taxas de retenção de 95% ou mais, tornando partes substanciais de seus negócios anuidades essenciais.

Agora imagine o caos que ocorreria em um banco se a contabilidade não batesse ao fazer o balanço diário, ou a disrupção causada em uma grande empresa de gestão de patrimônio se os clientes recebessem preços incorretos de ativos em seus extratos. Nesse caso, o risco da troca provavelmente supera quaisquer considerações monetárias ou de tempo, considerando o quanto os clientes ficariam insatisfeitos se o processamento de *back-office* acontecesse errado. Não é à toa que o desafio de empresas como essas não é ganhar dinheiro, mas aumentar as vendas, porque quase todos os clientes relutam em deixar seu custodiante ou sua processadora atual.

Esse tipo de vantagem competitiva não se limita apenas às empresas de serviços e de software, é claro. Por exemplo, existe uma empresa de histórico impecável chamada Precision Castparts que vende componentes metálicos superfortes de alta tecnologia usados em motores de aviões a jato e turbinas de usinas de força. Pense um pouco a respeito da baixa tolerância a falhas em produtos assim. Turbinas a vapor em usinas de energia podem pesar mais de 200 toneladas e girar a 3 mil rotações por minuto. Imagine as consequências de uma lâmina de turbina rachada. E, claro, a quebra do motor de um jato a 30 mil pés seria, bem, algo muito ruim.

Portanto, não é surpreendente que a Precision esteja vendendo para alguns de seus clientes há mais de 30 anos e que seus engenheiros realmente trabalhem em conjunto com clientes como a General Electric quando projetam novos produtos. Veja o equilíbrio custo/benefício. O único benefício da mudança da GE para um novo fornecedor provavelmente seria monetário, pressupondo que a Precision mantenha seus padrões de qualidade. Assim, ao desprezar a Precision por outra empresa, a GE talvez fosse capaz de construir turbinas e motores a jato por menos dinheiro, o que poderia ajudá-la a obter uma margem de lucro maior na venda desses produtos.

E quanto ao custo? Bem, o custo explícito é significativo. A nova empresa precisaria gastar tempo conhecendo os produtos da GE tão intimamente quanto a Precision já conhece. O custo real, no entanto, é o risco. Dada a tolerância incrivelmente baixa para falhas em uma turbina ou em um motor a jato, não faz sentido para a GE tentar reduzir o custo de produção aumentando o risco de falha do produto. Afinal de contas, bastaria apenas um colapso de alta visibilidade causado por uma falha de um componente de metal para prejudicar seriamente a reputação da GE, o que definitivamente prejudicaria as vendas futuras.

O resultado é que a Precision pode ganhar margens bastante grandes sobre os componentes que vende, em parte porque seus clientes precisariam encontrar fornecedores de confiabilidade semelhante se quisessem economizar dinheiro na troca (a empresa também faz um bom trabalho de controle de custos). Esse custo de troca, criado por anos de entrega de peças de alta qualidade aos seus clientes, é o que dá a vantagem competitiva à Precision.

Os custos de troca estão por toda parte

A beleza dos custos de troca é que eles aparecem em indústrias de todos os tipos. Voltando aos softwares, o fosso da Adobe também se baseia nos custos de troca. Os programas Photoshop e Illustrator são ensinados aos designers iniciantes na escola e são consideravelmente complexos, de modo que a mudança para outro programa significa um retreinamento significativo. Outra empresa de software, a Autodesk, que fabrica o software de projetos digitais AutoCAD, usado para especificar desde pontes até edifícios, está em posição análoga. A maioria dos engenheiros aprende o AutoCAD na faculdade, e seus futuros empregadores não desejarão incorrer na perda de produtividade que resultaria de retreiná-los em um novo software.

De volta aos serviços financeiros, as gestoras de ativos têm custos de troca um pouco análogos aos dos bancos. O dinheiro que flui para um fundo mútuo ou para uma conta de gestão de patrimônio tende a ficar lá – chamamos esses ativos de "grudentos" – e esse dinheiro gera taxas por muitos anos. Por exemplo, durante os escândalos de *market-timing* no mundo dos fundos mútuos, mesmo quando algumas empresas de gestão de ativos foram flagradas fazendo coisas visivelmente ilegais, a maioria reteve ativos suficientes para permanecer solidamente lucrativa, apesar dos custos legais e dos resgates dos investidores.

Embora o custo explícito de troca de uma conta do fundo mútuo da Empresa A para a Empresa B seja ainda menor do que trocar de conta bancária, a maioria das pessoas percebe os benefícios como incertos. Elas têm que se convencer de que o novo gestor, menos familiar, será melhor do que o gestor que usam, o que – para começar – basicamente significa admitir que cometeram um erro na escolha do gestor atual. Isso é psicologicamente difícil para a maioria das pessoas. Então, os ativos tendem a ficar onde estão. Os custos de troca podem não ser explicitamente grandes, mas os benefícios da troca são tão incertos que as pessoas – a maioria – seguem o caminho de menor resistência, simplesmente permanecendo onde estão.

No setor de energia, o negócio trivial de distribuição de propano tem custos de troca bastante altos. Em muitas áreas rurais dos Estados Unidos, as pessoas não estão conectadas a redes de distribuição de gás natural, de modo que obtêm calor e gás de cozinha de tanques de propano localizados perto de suas casas.

De modo geral, esses tanques não são de propriedade dos clientes, mas arrendados das empresas que fornecem o propano. Assim, se algum distribuidor de propano concorrente vier com um preço melhor e o cliente ligar para o fornecedor existente para cancelar o serviço, o fornecedor atual terá que trocar o tanque com o novo fornecedor, o que é um grande incômodo.

Desnecessário dizer que as pessoas não mudam de distribuidor de propano com muita frequência, especialmente porque o distribuidor atual geralmente cobra uma taxa se você mudar para o concorrente. Isso dá aos distribuidores uma quantidade razoável de poder de precificação, e os altos retornos sobre o capital são a prova financeira disso.

Na área da saúde, as empresas que fabricam equipamentos de laboratório geralmente se beneficiam dos custos de troca. A Waters Corporation, por exemplo, fabrica máquinas sofisticadas e caras que realizam o processo chamado cromatografia líquida (LC, *liquid chromatography*), que separa os compostos em seus componentes químicos para purificação e controle de qualidade. Por exemplo, uma máquina de LC pode testar água com relação a contaminantes ou óleo quanto a impurezas. A empresa que quisesse mudar da máquina de LC da Waters para alguma concorrente não só precisaria desembolsar o custo substancial da nova máquina de LC – cerca de 50 a 100 mil dólares – como também precisaria treinar novamente um pequeno exército de técnicos de laboratório na utilização da nova máquina, o que resultaria em perda de tempo e diminuição de produtividade. Como o processo de LC exige o uso constante de consumíveis que são extremamente lucrativos para a Waters, você pode imaginar como esses custos de troca ajudam a Waters a obter retornos notáveis – acima de 30% – sobre o capital investido.

Você deve ter notado que não mencionei muitas empresas voltadas para o consumidor, como varejistas, restaurantes, empresas de produtos embalados e similares. Isso porque os baixos custos de troca são a principal fraqueza desse tipo de empresa. Você pode andar de uma loja de roupas para outra, ou escolher marcas diferentes de pasta de dente no supermercado sem quase nenhum esforço. Isso torna muito difícil para varejistas e restaurantes a criação de fossos em torno de seus negócios. Alguns, como Walmart e Home Depot, podem fazer isso por meio de economias de escala, e outros, como Coach, podem criar fossos construindo marcas fortes. No entanto, de modo geral, as empresas voltadas para o consumidor final quase sempre sofrem com os baixos custos de troca.

Os custos de troca podem ser difíceis de identificar porque muitas vezes você precisa ter compreensão total da experiência do cliente, o que pode ser difícil se você não for esse cliente. Fossos econômicos desse tipo podem ser muito poderosos e duradouros. Então, vale a pena dedicar algum tempo para procurá-los. Espero que os exemplos deste capítulo tenham lhe dado alguma base para pensar.

A nossa terceira fonte de vantagem competitiva é o assunto do próximo capítulo. Embora seja indiscutivelmente um tipo de custo de troca, o efeito de rede é um fosso econômico tão único e potencialmente poderoso que merece ser uma categoria à parte.

Conclusões

1. As empresas que dificultam o uso de produtos ou serviços das concorrentes criam custos de troca. Se os clientes forem menos propensos à troca, as empresas podem cobrar mais, o que ajuda a manter altos retornos sobre o capital.

2. Os custos de troca aparecem de várias formas: integração total com o negócio do cliente, custos monetários e custos de retreinamento são apenas alguns que podemos citar.

3. O seu banco ganha muito dinheiro por causa dos custos de troca.

Capítulo 5 – O efeito de rede

Tão poderoso que ganhou um capítulo à parte.

Sempre fico maravilhado com aquelas pessoas que parecem ser amigos de infância de todo mundo. Você provavelmente conhece alguém assim. Pense naquele seu amigo que sem esforço conversa com todos que conhece e acaba com uma lista de contatos infinita. Essas pessoas criam enormes redes de contatos e se tornam contatos desejáveis porque, quanto mais pessoas conhecem, mais pessoas podem conectar para benefício mútuo. O valor social desses indivíduos aumenta à medida que o número de pessoas em sua rede cresce.

As empresas que se beneficiam do efeito de rede são muito semelhantes; ou seja, o valor de seus produtos ou serviços aumenta com o número de usuários. Isso pode parecer incrivelmente simples, mas na verdade é bastante incomum. Pense no seu restaurante favorito. Esse negócio agrega valor para você, pois fornece boa comida a preço razoável. Provavelmente, não importa muito para você se o lugar está lotado ou vazio e, na verdade, você talvez prefira que não esteja muito lotado. O valor do serviço é quase completamente independente de quantas outras pessoas o utilizam.

Agora pense em algumas grandes empresas bastante conhecidas, como os constituintes do índice Dow Jones Industrial Average, por exemplo (incluí a lista das ações na Figura 5.1 para relembrá-lo). Exxon Mobil Corporation? Uma empresa maravilhosa, mas ganha dinheiro vendendo produtos de energia por um valor maior do que o custo de encontrá-los. Ter muitos clientes é bom para a Exxon Mobil, mas não é nisso que você pensa quando escolhe o posto de gasolina em que vai abastecer. Citigroup? As empresas não usam o Citi para serviços bancários corporativos porque seus pares o fazem, mas porque o Citi oferece taxas atrativas para empréstimos. Walmart? É a mesma história. Os baixos custos do gigante varejista decorrem em parte de seu enorme tamanho, mas as pessoas não compram no Walmart porque outras pessoas compram no Walmart, elas compram lá porque as coisas são baratas.

Figura 5.1 Empresas no Índice Dow Jones Industrial Average (Média Industrial Dow Jones)

Nome da Empresa	Indústria	Sigla
IBM	Equipamentos de Informática	IBM
Boeing Company	Aeroespacial & Defesa	BA
3M Company	Manufatura Diversificada	MMM
ExxonMobil Corporation	Petróleo e Gás	XOM
United Technologies	Manufatura Diversificada	UTX
Caterpillar, Inc.	Máquinas para Construção	CAT
Procter & Gamble	Produtos Domésticos e Pessoais	PG
Altria Group, Inc.	Fumo	MO
American International Group	Seguros	AIG
Johnson & Johnson	Medicamentos	JNJ

Honeywell International, Inc.	Diversas	HON
American Express Company	Cartões de Crédito	AXP
Coca-Cola Company	Fabricação de Bebidas	KO
McDonald's Corporation	Restaurantes	MCD
Merck & Co., Inc.	Medicamentos	MRK
Hewlett-Packard Company	Equipamentos de Informática	HPQ
Dupont El de Nemours & Co.	Produtos Químicos	DD
Citigroup, Inc.	Bancos Internacionais	C
JP Morgan Chase & Co.	Bancos Internacionais	JPM
Verizon Communications, Inc.	Serviços de Telecomunicações	VZ
Wal-Mart Stores, Inc.	Lojas de Descontos	WMT
AT&T, Inc.	Serviços de Telecomunicações	T
General Electric Company	Manufatura Diversificada	GE
Alcoa, Inc.	Alumínio	AA
General Motors Corporation	Montadora de Automóveis	GM
Walt Disney Company	Conglomerados de Mídia	DIS
Home Depot, Inc.	Suprimentos Domésticos	HD
Microsoft Corporation	Software	MSFT
Intel Corporation	Semicondutores	INTC
Pfizer, Inc	Medicamentos	PFE

Continuando com os componentes do Dow: e o American Express? Ah, agora estamos chegando em algo. As recompensas e vantagens que o Amex oferece aos usuários ajudam a operadora a competir com outros cartões de crédito, mas, se esses cartões não fossem aceitos em milhões de lugares onde as pessoas querem gastar seu dinheiro, o Amex poderia oferecer o triplo do nível de recompensas e ainda teria um número minúsculo de usuários. É essa imensa rede de comerciantes que dá vantagem competitiva ao Amex sobre qualquer outra operadora que queira lançar um novo cartão de crédito. Em quanto mais lugares você puder usar o seu cartão Amex, mais valioso ele se tornará para você, o que é uma grande razão por trás do recente esforço da empresa para que o Amex seja aceito em comércios menores, como lojas de conveniência e postos de gasolina.

Agora pense em quantas grandes redes de cartões de crédito existem nos Estados Unidos. Os quatro principais – Visa, Mastercard, Amex e Discover – respondem por 85% de todos os gastos com cartões de crédito no país inteiro. É uma enorme concentração de mercado e ilustra a razão fundamental pela qual o efeito de rede pode ser uma vantagem competitiva extremamente poderosa: negócios baseados em rede tendem a criar monopólios e oligopólios naturais. Como o economista e acadêmico Brian Arthur colocou sucintamente: "De redes, existirão poucas".

Isso faz muito sentido. Se o valor do bem ou serviço aumenta com o número de pessoas que o utilizam, então os produtos baseados em rede mais valiosos serão aqueles que atraem mais usuários, criando um círculo virtuoso que esprem as redes menores e aumenta o tamanho das redes dominantes. Então, à medida que as redes dominantes ficam maiores, elas também ficam mais fortes, o que soa como uma vantagem competitiva bastante poderosa.

Contudo, é claro, a própria natureza do efeito de rede significa que não existirão muitos grandes negócios se beneficiando disso, dada a propensão das redes a se consolidarem em torno do líder. Vamos testar essa teoria de maneira simples, observando as empresas do Dow Jones Industrial Average e vendo quais se beneficiam do efeito de rede.

Veremos então que apenas duas empresas do Dow derivam a maior parte da vantagem competitiva do efeito de rede: Amex e Microsoft. Já falamos a respeito do fosso da Amex. A maneira como o efeito de rede ajuda a Microsoft também é bastante fácil de entender. Muita gente usa Word, Office e Windows porque, bem, muita gente usa Word, Office e Windows!

Não queremos dizer que o Windows é o ápice dos sistemas operacionais de PC, mas sua enorme base de usuários significa que você precisa saber operar um PC com Windows para sobreviver no mundo corporativo. Com Word e Excel ocorre algo semelhante. Mesmo se um concorrente entrasse em cena na semana que vem com um processador de texto ou uma planilha cinco vezes mais fácil de usar e pela metade do preço, seria difícil ganhar força no mercado porque o Excel e o Word se tornaram (gostem ou não) a linguagem comum dos profissionais do conhecimento ao redor do mundo.

Na verdade, existe no mercado um concorrente do Office chamado "OpenOffice" há vários anos, vendido por muito menos que o Excel e o Word: ele é gratuito, o que é um preço difícil de superar. Os programas de processamento de texto e planilhas se parecem muito com o Word e o Excel, e os arquivos são (em grande parte) compatíveis com os análogos da Microsoft. Eu testei o OpenOffice, e é muito bom. No entanto, ele realmente não ganhou muita participação de mercado entre as empresas tradicionais porque existem algumas pequenas diferenças e, como o resto do mundo ainda usa o Microsoft Office, as pessoas não querem passar pelo incômodo de usar um programa que produz arquivos que talvez não consigam compartilhar com os outros.

Se um produto que é muito bom e não custa nada não consegue diminuir a participação de mercado de uma empresa, é possível dizer com segurança que essa empresa tem a vantagem competitiva.

Existe outro fato interessante que surge do nosso rápido *tour* pelo Dow, que é o fato de que tanto a Amex quanto a Microsoft operam em setores relativamente novos. Afinal de contas, os cartões de crédito existem há apenas algumas décadas, e a indústria de PCs é mais jovem ainda. Ao procurar negócios baseados em rede, você descobrirá que isso não acontece por acaso: o efeito de rede é muito mais comum entre negócios baseados em informação ou transferência de conhecimento do que entre negócios baseados em capital físico.

Acontece dessa forma porque a informação é o que os economistas chamam de uma mercadoria "sem rival". A maioria das mercadorias só pode ser usada por uma pessoa de cada vez. Se eu comprar uma grande escavadeira da Caterpillar, ninguém mais poderá usá-la enquanto eu estiver escavando uma fundação (coisas desse tipo são chamadas de mercadorias "rivais"). No entanto, eu posso usar a rede de pagamentos da Amex ao mesmo tempo que milhões de outros titulares de cartões, da mesma forma que todos esses titulares de cartões poderiam usar a Bolsa de Valores de Nova York (NYSE) ao mesmo tempo para descobrirem quanto custariam algumas ações da American Express. O uso da rede Amex ou da NYSE por uma pessoa não impede que outras pessoas usem essas redes. E, de fato, quanto mais pessoas usarem essas redes, mais valiosas elas serão para os outros.

A conclusão é que é mais provável que você encontre o efeito de rede em negócios baseados no compartilhamento de informações ou na conexão de usuários do que em negócios que lidam com mercadorias rivais (bens físicos). Como veremos mais adiante neste capítulo, nem sempre é assim, mas é uma boa regra prática.

A essa altura, eu imagino que você tenha uma boa ideia de por que os efeitos de rede são uma vantagem competitiva tão poderosa. A empresa concorrente precisaria primeiro replicar a rede – ou pelo menos chegar perto – para que os usuários vissem mais valor na nova rede e abandonassem a existente. De modo geral, essa é uma exigência muito alta. Isso pode acontecer sob um certo conjunto de circunstâncias, como veremos quando discutirmos as trocas financeiras mais adiante neste capítulo, mas geralmente os negócios baseados em rede são bastante duráveis. Para saber por que, vamos dar uma olhada em um negócio que tem apenas uma década, mas que já é o exemplo canônico do efeito de rede: o eBay.

As redes em ação

Dizer que o eBay domina o mercado de leilões on-line dos Estados Unidos é como dizer que Sebastião Salgado tirou algumas fotografias até que boas. "Dominar" é dizer o mínimo. No momento da escrita deste livro, o eBay tinha pelo menos 85% de participação no tráfego de leilões pela Internet nos Estados Unidos, e, como é praticamente certo que os visitantes do eBay gastam mais por transação e são mais propensos a comprar do que os visitantes de sites rivais, a cota do eBay de dólares gastos em leilões on-line provavelmente é muito superior a 85%. Após a discussão anterior sobre o efeito de rede, a razão disso deve estar óbvia: os compradores estão no eBay porque os vendedores estão lá e vice-versa.

Mesmo que algum site concorrente fosse lançado amanhã com taxas correspondentes a apenas uma fração daquelas do eBay, seria improvável que recebesse muito tráfego, pois, se não há compradores, não há vendedores. Além disso, os primeiros usuários intrépidos não teriam o benefício das avaliações de feedback do eBay para dizer-lhes em quais outros usuários eles poderiam confiar para realizarem transações. Nem poderiam ter certeza de que estariam obtendo o melhor preço, dada a escassez de outros usuários. Certa vez, perguntei a um candidato que se apresentava para um emprego de analista na Morningstar o que ele faria se eu fosse um capitalista de risco que lhe desse um grande apoio financeiro e lhe dissesse para vencer o eBay em seu próprio campo de jogo nos Estados Unidos. Ele pensou um minuto e então respondeu: "Eu devolveria o dinheiro". Bela resposta!

No entanto, o eBay não teve sucesso em alguns mercados. Podemos aprender muito sobre o efeito de rede ao examinar brevemente esses casos. No Japão, o eBay nem está presente. O Yahoo! do Japão tem a grande maioria do mercado de leilões on-line do país. A razão disso é ainda mais simples do que você imagina: o Yahoo! do Japão ofereceu serviços de leilão cinco meses antes do eBay, e assim conseguiu reunir rapidamente um grande grupo de compradores e vendedores. Além disso, o Yahoo! do Japão teve a visão de anunciar intensamente e não cobrar taxas no início, o que o ajudou a construir a massa crítica mais rápido. Quando o eBay foi lançado, o Yahoo! do Japão já havia vencido, usando o mesmo efeito de rede que permitiu ao eBay dominar o mercado americano. O eBay passou alguns anos tentando competir, mas acabou percebendo a derrota e se retirou do Japão completamente.

Se as experiências do eBay nos Estados Unidos e no Japão são exemplos claros de como uma liderança inicial pode se desenvolver quando a economia de rede está em ação, as dificuldades da empresa na China mostraram que ser o primeiro nem sempre é suficiente, e que mesmo fossos baseados no efeito de rede podem ser superados em algumas circunstâncias. Há alguns anos, o eBay operava o maior site de leilões on-line da China, com cerca de 90% do tráfego. No entanto, surgiu um concorrente local, que reduziu suas taxas de comissão para zero e introduziu alguns recursos particularmente atraentes para o mercado chinês. O eBay perdeu participação muito rapidamente e acabou se retirando do mercado.

A lição aqui é que, em um mercado em rápido crescimento com preferências do consumidor que ainda estão sendo formadas em torno de um novo tipo de serviço – leilões on-line, neste caso –, o efeito de rede pode estar sujeito a ataques bem-sucedidos. É claro que a resposta lenta do eBay às ameaças competitivas não ajudou em nada, nem o fato de que nesse caso seu concorrente era uma empresa chinesa, e, portanto, ganhou alguma vantagem pelo fato de ser uma espécie de herói local.

Agora, chega de eBay! Vejamos alguns outros exemplos do efeito de rede em ação.

Não é um grande salto ir do eBay, que é apenas uma troca on-line de todos os tipos de bens físicos, para mercados financeiros como NASDAQ, New York Stock Exchange e Chicago Mercantile Exchange. As trocas financeiras se beneficiam do efeito de rede tanto quanto o eBay, mas com algumas diferenças cruciais que ajudam a esclarecer quando a economia da rede está mais forte e quando pode quebrar.

A mecânica do efeito de rede para uma troca financeira é simples: à medida que mais compradores e vendedores se agregam numa troca, os participantes da troca são cada vez mais capazes de encontrarem os ativos que desejam pelo preço que desejam. Na linguagem financeira, mais compradores e vendedores levam a maior liquidez. Essa liquidez pode ser ampla, o que significa que os participantes realizam transações em uma ampla gama de ativos, e pode ser profunda, o que significa que os participantes podem negociar um grande volume de ativos sem afetar o preço cotado.

Parece um ótimo negócio, certo? Deixe o efeito de rede fazer a sua mágica para construir um bom *pool* de liquidez, que seja profundo e amplo, e veja os lucros entrarem em grande quantidade. Essa não é, na verdade, uma descrição ruim de bolsas de futuros como a Bolsa Mercantil de Chicago (a Merc, Chicago Mercantile Exchange) e a Bolsa Mercantil de Nova York (NYMEX, New York Mercantile Exchange), que são empresas extremamente lucrativas e com largos fossos devido à liquidez induzida pela rede. Infelizmente, a história é um pouco mais complicada, porque as bolsas que negociam principalmente ações – como a NYSE e a NASDAQ – têm vantagens competitivas muito mais fracas, embora também tenham *pools* de liquidez profundos.

Na verdade, as bolsas de valores têm visto retornos sobre o capital em queda nos últimos anos, à medida que a concorrência aumentou, enquanto as bolsas de futuros mantiveram uma lucratividade muito robusta. Isso ocorre porque os contratos futuros estão presos a uma bolsa individual: se eu comprar um contrato futuro na NYMEX ou na Merc, tenho que vendê-lo lá (a razão para isso é complicada, então confie em mim). As bolsas de futuros podem extrair muito mais valor dos participantes do mercado, porque exercem mais controle sobre cada transação.

As ações, porém, podem ser compradas e vendidas em uma ampla variedade de bolsas, o que leva a uma concorrência de preços muito maior. Um investidor profissional pode comprar mil ações da IBM na NYSE, mas acabar vendendo-as em qualquer outra da meia dúzia de bolsas que também negociam ações da Big Blue, se uma dessas outras bolsas oferecer um preço melhor. Como o *pool* de liquidez em ações da IBM não se limita a nenhuma bolsa, nenhuma delas se beneficia do efeito de rede tanto quanto as bolsas de futuros.

A lição aqui é que, para uma empresa se beneficiar do efeito de rede, ela precisa operar uma rede fechada; e, quando redes anteriormente fechadas se abrem, o efeito de rede pode se dissipar rapidamente. Uma boa pergunta, que você deve fazer sempre que estiver avaliando uma empresa que pode se beneficiar da economia da rede, é: será que essa rede pode se abrir para outros participantes?

Passando das bolsas para outras indústrias, também vemos o efeito de rede em ação em muitas outras áreas do mercado. A empresa de transferência de dinheiro Western Union é apenas um bom exemplo, e o valor de sua rede para os usuários é demonstrado pelo fato de que, embora essa rede seja três vezes maior do que a concorrente mais próxima, a Western Union processa cerca de cinco vezes mais transações. Em outras palavras, a Western Union obtém mais negócios por local – em média – porque seus usuários podem enviar dinheiro para mais lugares do que poderiam se usassem a concorrência.

Esse é um efeito comum de negócios baseados em rede: o benefício de se ter uma rede maior não é linear, o que significa que o valor econômico da rede aumenta a taxas mais rápidas do que seu tamanho absoluto. Você pode ter uma ideia disso observando a Figura 5.2 e a Figura 5.3, que comparam o número de nós em uma rede – análogo ao número de locais da Western Union – com o número de conexões entre esses nós.

É incrível ver a rapidez com que o número de conexões cresce à medida que você adiciona mais nós. Falando em termos práticos, você pode ver facilmente como a economia é atraente. Se o negócio baseado em rede aumenta o capital investido em, digamos, 50% para expandir o número de nós de 20 para 30, o número de conexões aumenta em quase 130%, de 190 para 435.

Figura 5.2 Alguns nós a mais equivalem a muitas conexões a mais

Nós	Conexões
2	1
3	3
4	6
5	10
10	45
20	190
30	435
40	780
50	1,225

Figura 5.3 Nós e conexões

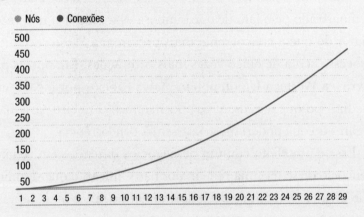

É claro que você precisa ter um certo cuidado com esse tipo de análise, pois são grandes as chances de que nem todas as conexões em uma rede sejam igualmente valiosas para todos os usuários. Seguindo com o exemplo da Western Union, posso supor que seu grande número de filiais em várias partes do México torna o serviço muito valioso para as pessoas que moram no bairro de Pilsen, em Chicago, onde eu moro, porque

Pilsen é o lar de muitos imigrantes que têm vínculos com o México. No entanto, não acho que haja tantos residentes de Pilsen enviando dinheiro para Dubai ou Dhaka. Então, essas conexões de nó para nó em particular não são tão valiosas para a maioria das pessoas em Pilsen.

É justo dizer que o valor de uma rede para seus usuários está mais intimamente ligado ao número de conexões do que ao número de nós. Contudo, a relação valor-conexão provavelmente diminui à medida que o número de conexões se torna extremamente grande.

O nosso próximo conjunto de exemplos de efeito de rede vem de um setor incrivelmente lucrativo que não é tão conhecido quanto deveria ser: a logística terceirizada. Isso pode parecer sem graça, mas, se mencionarmos 40% de retorno sobre o capital combinado e taxas de crescimento de 20% a 30% ao longo de mais de uma década, talvez você se interesse. Como empresas como Expeditors International e CH Robinson compilaram históricos tão impressionantes? Construindo fossos com base no efeito de rede.

Ambas as empresas basicamente conectam carregadores com transportadoras de carga: pense nelas como corretoras de espaço de carga. A CH Robinson opera na indústria de caminhões dos Estados Unidos, conectando empresas com cargas a serem embarcadas a operadores de caminhões que desejam manter seus reboques o mais cheios possível. À medida que a CH Robinson se relaciona com mais transportadoras, mais atraente se torna para os caminhoneiros ávidos por cargas e vice-versa. Esse é um exemplo clássico do efeito de rede e uma vantagem competitiva muito forte.

A Expeditors International é um pouco diferente. A empresa opera internacionalmente e é mais do que apenas uma "casamenteira". Basicamente, os clientes da empresa pedem que ela transporte mercadorias através de fronteiras dentro de um prazo definido, e a Expeditors cuida dos detalhes. A Expeditors compra espaço de carga em aviões e navios em nome de seus clientes, preenche esse espaço com a carga dos clientes e ainda cuida de quaisquer outras complicações – aduaneiras, tarifárias, de armazenagem – que possam surgir entre o ponto de origem e o ponto de partida.

O fosso da Expeditors International está em sua extensa rede de filiais, o que permite atender os clientes com mais eficiência, porque, não importa para onde eles precisem enviar as coisas, são grandes as chances de que a Expeditors tenha uma filial tanto no lado de envio quanto no de recebimento. Pode-se verificar isso fazendo uma pequena investigação financeira. Se ter uma rede maior realmente significa que a Expeditors pode empurrar mais carga através de cada filial, então a receita operacional da empresa por filial deve aumentar à medida que novas filiais adicionem fluxo de carga às existentes. E foi exatamente isso o que aconteceu (veja a Figura 5.4).

Figura 5.4 Faturamento operacional da Expeditors International por filial (em milhares de dólares)

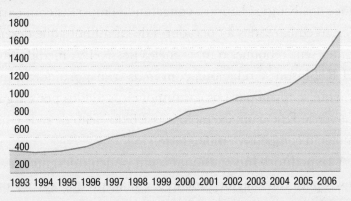

Para encerrar, vamos fechar o círculo olhando para uma empresa muito parecida com aquela pessoa sociável e bem-relacionada que apresentei no início do capítulo. A Corporate Executive Board publica pesquisas de melhores práticas para grandes corporações, essencialmente ajudando executivos a descobrirem como resolver alguns problemas que encontram compartilhando as experiências de outras empresas que enfrentaram problemas semelhantes. Você já deve ter percebido o efeito de rede: quanto mais empresas estiverem na rede da Corporate Executive Board, maior a probabilidade de existirem informações relevantes para seus membros. Ela também ajuda os membros conectando-os no caso de problemas pontuais.

A beleza desse negócio é que, no fim das contas, a pesquisa publicada é menos valiosa do que a rede. Afinal, se você é um executivo de alto nível com desafios de gestão de tempo em uma grande empresa, a qual rede você vai se juntar? Àquela na qual todos os outros gestores seniores com desafios de gestão de tempo de grandes empresas já estão inseridos, é claro, porque é com eles que você está competindo. E você provavelmente também quer ficar a par do que eles estão pensando. Qualquer concorrente em potencial da Corporate Executive Board precisaria replicar essa rede para ter sucesso ao competir com a empresa, o que parece improvável de acontecer enquanto essa rede continuar crescendo.

Como você pode ver, o efeito de rede é uma vantagem competitiva bastante poderosa. Não é insuperável, mas é difícil um concorrente superá-la na maioria das circunstâncias. Não é um fosso fácil de encontrar, mas vale investigar mais quando você o encontra.

Conclusões

1. Uma empresa se beneficia do efeito de rede quando o valor de seu produto ou serviço aumenta com o número de usuários. Cartões de crédito, leilões on-line e algumas trocas financeiras são bons exemplos.

2. O efeito de rede é um tipo de vantagem competitiva extremamente poderoso, e é em geral encontrado em negócios baseados no compartilhamento de informações ou na conexão de usuários. Você não o verá com frequência em empresas que lidam com bens físicos.

Capítulo 6 – Vantagens de custo

Seja inteligente, fique por perto ou seja único.

Até agora, todas as fontes de vantagem competitiva que nós discutimos se concentraram no preço, ou no valor que a empresa pode extrair de seus clientes. Ativos intangíveis, custos de troca e efeito de rede permitem que a empresa cobre mais por um produto ou serviço do que poderia cobrar sem essas vantagens. O inverso do preço, claro, é o custo, e as empresas também podem cavar fossos em torno de seus negócios tendo custos sustentáveis mais baixos do que a concorrência.

As vantagens de custo podem ser duráveis, mas também podem desaparecer muito rapidamente. Por isso, enquanto investidor, você precisa determinar se a vantagem de custo de uma empresa é replicável por algum concorrente. Muitas empresas nos últimos anos encheram o peito para falar sobre como reduziram os custos transferindo o *call center* ou uma fábrica para alguma região de baixo custo do mundo, como China, Índia, Filipinas etc. Elas agem como se o QI coletivo da gestão tivesse dobrado no dia em que algum gestor de nível mediano sugeriu que a empresa adquirisse peças de baixo custo de uma fábrica com custos trabalhistas 80% mais baratos.

Isso não é genial, nem é uma vantagem competitiva sustentável, porque esses mesmos recursos de baixo custo provavelmente estão disponíveis para qualquer empresa que os queira. Se um fornecedor de autopeças começar a adquirir componentes de baixo valor agregado na China, quanto tempo levará para seus concorrentes fazerem as mesmas ligações telefônicas e estabelecerem linhas de fornecimento semelhantes? Pouco tempo, porque quanto mais esses concorrentes esperarem, mais negócios eles provavelmente perderão por serem produtores de alto custo em uma indústria de commodities. Em uma economia globalizada, usar os insumos de menor custo disponíveis é a única maneira de permanecer no negócio para empresas que operam em setores sensíveis a preços.

É desnecessário dizer que as vantagens de custo são mais importantes nas indústrias em que o preço é uma questão determinante nos critérios de compra do cliente. Embora geralmente essas indústrias sejam caracterizadas como indústrias de commodities, isso nem sempre é verdade. A Intel, por exemplo, tem enorme vantagem de custo sobre a Advanced Micro Devices (AMD), e os microprocessadores não são exatamente commodities (tecnicamente, commodities são produtos sem outro fator de diferenciação além do preço).

Eu acho que a maneira mais útil de escolher indústrias nas quais as vantagens de custo provavelmente sejam um fator importante é imaginar se existem substitutos facilmente disponíveis. Embora um chip da Intel seja certamente diferente de um chip da AMD, ambos fazem praticamente a mesma coisa do ponto de vista do usuário, e o que tiver a melhor relação preço/desempenho provavelmente receberá a aprovação dos compradores. A Intel pode ter custos mais baixos a longo prazo, mas, se a AMD tiver chips com desempenho muito melhor – o que aconteceu várias vezes –, os usuários mudarão temporariamente para seus produtos.

Passando de um produto muito pequeno para um muito grande, a história tem sido basicamente a mesma para as aeronaves de fuselagem estreita, acredite se quiser. Embora sejam produtos incrivelmente complexos, um Boeing 737 e um Airbus A320 não são tão diferentes do ponto de vista da companhia aérea: eles têm alcances semelhantes, transportam um número semelhante de passageiros e assim por diante. Portanto, uma companhia aérea que estiver comprando aviões novos verá apenas qual fabricante – Boeing ou Airbus – é o melhor negócio e tomará sua decisão em grande medida por esse critério[1] (as companhias aéreas que usam apenas um tipo de avião, como Southwest e JetBlue, são muito mais uma exceção do que a regra).

O mesmo pode ser dito das montadoras americanas em relação às japonesas. Ninguém confundiria um Ford Taurus com um Honda Accord, mas ambos têm praticamente a mesma função, então o veículo que custa menos (e talvez o que quebre menos) é o que vence no mercado. Os custos importam muito para as montadoras porque o preço é um componente importante da decisão do comprador.

As vantagens de custo podem derivar de quatro fontes: processos mais baratos, localizações melhores, ativos exclusivos e escala maior. As próprias vantagens de custo baseadas em

---

1 O novo Boeing 787 pode mudar essa dinâmica, pois incorpora uma série de avanços tecnológicos que o Airbus ainda não conseguiu igualar. Já os jatos de modelos mais antigos provavelmente ainda serão vendidos sobretudo pelo preço.

escala podem vir de muitas formas, e são tão importantes que eu dedico todo o Capítulo 7 para ajudá-lo a entender quando o maior é realmente o melhor. Examinamos os outros três tipos de vantagens de custo neste capítulo.

Um pouco melhor

As vantagens de processo são fascinantes porque, em tese, não deveriam existir por tempo suficiente para constituir uma grande vantagem competitiva. Afinal de contas, se uma empresa descobrir uma forma de entregar um produto ou serviço a um custo menor, copiar rapidamente esse processo não seria o passo lógico de seus concorrentes para que possam igualar a estrutura de custos do líder? Em geral, isso acaba acontecendo, mas pode levar muito mais tempo do que se poderia esperar. Vale a pena entender por que geralmente leva um bom tempo, durante o qual – aliás – o originador do processo de baixo custo pode ganhar muito dinheiro.

Eu não vou chover no molhado analisando as vantagens de custo, baseadas em processo, desfrutadas pela Dell e pelas operadoras de baixo custo como a Southwest Airlines. Todos nós já ouvimos as duas histórias um milhão de vezes. A Dell eliminou distribuidores, vendeu diretamente aos compradores e manteve inventários muitos baixos ao construir computadores pessoais (PCs) sob encomenda. A Southwest voou apenas com um tipo de jato, minimizou o caro tempo em terra (curvas rápidas, no jargão das companhias aéreas) e adotou entre os funcionários uma cultura que recompensava a economia.

O interessante não é tanto como a Dell e a Southwest venderam PCs e assentos de avião a custos muito mais baixos do que a concorrência, mas *por que* elas conseguiram conquistar seus respectivos mercados quando seus processos de baixo custo eram uma questão de domínio público. As respostas, embora diferentes em cada caso, são instrutivas.

No caso da Southwest, as companhias aéreas tradicionais (as maiores) não copiaram seu processo de baixo custo por vários motivos. Em primeiro lugar, a estrutura sindical rígida significava que os pilotos não estariam dispostos a começar a ajudar na limpeza dos aviões nas empresas estabelecidas. Em segundo lugar, a estrutura de rotas ponto a ponto da Southwest tornaria difícil para as grandes empresas alimentar negócios lucrativos e passageiros internacionais por meio de seus *hubs* de manutenção cara. Terceiro, a Southwest era uma companhia aérea agressivamente igualitária – sem classes separadas, sem assentos designados – em um setor que ganhava muito dinheiro tratando alguns passageiros como realeza e cobrando deles pelo privilégio. Em suma, as grandes empresas teriam que explodir seus negócios (de forma figurada) para obterem a vantagem de custo da Southwest. E é bem difícil explodir o seu próprio negócio.

No entanto, isso não responde por que nenhuma das dezenas de outras companhias aéreas iniciantes teve sucesso como a Southwest. Em parte, isso ocorreu porque a Southwest já havia ocupado os *slots* nos aeroportos de segunda linha; e, em parte, porque a Southwest se antecipou e se apoderou de um suprimento contínuo de aviões novos com custos operacionais muito mais baixos do que os aviões usados. Além disso, uma razão igualmente importante foi que a Southwest ganhou dimensão suficiente antes das grandes empresas perceberem que ela seria uma ameaça, e quando descobriram já era forte demais para ser sufocada. As startups subsequentes foram estranguladas em seus berços pelas aéreas estabelecidas, que reduziram agressivamente os preços nas rotas das recém-chegadas. E, como as recém-chegadas começavam com apenas algumas rotas, não conseguiam suportar as perdas por muito tempo e quebravam.

As fabricantes estabelecidas de PCs deixaram a Dell em paz pela mesma razão que as grandes empresas inicialmente deram passe livre para a Southwest: os revendedores e varejistas que levavam os PCs dos fabricantes para o usuário final eram um elo vital na cadeia de distribuição. A IBM ou a Compaq, ou qualquer outro que tentasse copiar a Dell, teria que explodir seus negócios para competir em igualdade de condições. Ainda assim, por que outras *novas* empresas não copiaram o modelo de negócios da Dell?

Na verdade, duas outras empresas de PCs – a Micron e a Gateway – tentaram copiar o modelo de negócios da Dell na década de 1990, mas ambas falharam miseravelmente. A Micron estava muito ocupada tentando administrar algumas outras linhas de negócios para replicar efetivamente a cadeia de suprimentos supereficiente da Dell, e a Gateway abriu lojas de varejo, na tentativa de se diferenciar e entrar no mercado consumidor. É difícil de acreditar hoje, mas, em 1996, a Dell e a Gateway eram comparáveis em tamanho e lucratividade. Em seguida, seus caminhos divergiram bruscamente quando a Dell reduziu os inventários para níveis inéditos, enquanto a Gateway abria lojas em shopping centers.

Antes de tentarmos tirar conclusões, vejamos mais um par de empresas com a vantagem de custo baseada em processo. A Nucor e a Steel Dynamics operam minisiderúrgicas (*mini-mills*), que – sem ser técnico – usam um processo de fabricação de aço muito mais barato do que as antigas siderúrgicas integradas administradas por empresas como US Steel e Bethlehem Steel. A Nucor entrou em cena em 1969 produzindo produtos de aço de baixa qualidade, e rapidamente conquistou participação de mercado das usinas integradas por ter custos mais baixos e produção mais flexível. A Steel Dynamics foi fundada em meados da década de 1990 por ex-alunos da Nucor e atualmente é a produtora de aço de menor custo nos Estados Unidos. Seu processo básico é o mesmo da Nucor, mas sua tecnologia é 25 anos mais recente.

Nesse exemplo, tanto a Nucor quanto a Steel Dynamics tiraram vantagem de uma nova tecnologia que os operadores históricos de usinas integradas não conseguiram implementar porque tinham investido bilhões de dólares em suas operações existentes, que não podiam simplesmente descartar para recomeçar. E, enquanto outros novos ingressantes no mercado siderúrgico puderam (e conseguiram) iniciar empresas com processo similar ao das *mini-mills*, as antigas empresas integradas de alto custo cederam tanta participação de mercado que a Nucor e a Steel Dynamics puderam apresentar retornos de capital respeitáveis ao lado de outras novas minisiderúrgicas.

Agora, vamos avançar todos os três casos – Southwest, Dell e as *mini-mills* de aço – para o presente. Os três ainda são negócios decentes, mas seus fossos são mais fracos hoje do que eram cinco ou dez anos atrás. Por quê?

A Southwest ainda tem uma estrutura de custos mais barata do que qualquer uma das grandes – não é exatamente uma coisa difícil de fazer, na verdade –, mas enfrenta concorrentes como JetBlue e AirTran, que conseguiram acesso a aviões mais novos e *slots* baratos em aeroportos de segundo nível. Além disso, a saúde financeira em declínio das grandes empresas tornou mais fácil o ganho de escala para as companhias aéreas de baixo custo: as grandes companhias aéreas lutavam tanto para manter suas operações viáveis que não conseguiam poupar recursos para esmagar iniciantes. Assim, as novas operadoras de baixo custo conseguiram copiar partes importantes da "receita secreta" da Southwest, igualando-a em custos.

Enquanto isso, a Dell continuou sendo a fabricante de PCs de menor custo, mas sua vantagem diminuiu consideravelmente à medida que as concorrentes – como a Hewlett-Packard – reformularam seus negócios para cortar custos, e operadoras de alto custo – como a IBM – venderam seus negócios de PCs para proprietários mais habilidosos, como a Lenovo. A Dell também foi prejudicada pelas mudanças no mercado de PCs. A empresa se destaca na venda de PCs de mesa (*desktops*) baratos para corporações e consumidores sofisticados que sabem exatamente o que querem, mas grande parte do crescimento recente no mercado de PCs veio de notebooks e consumidores do mercado de massa. A Dell quase não tem vantagem de custo em notebooks, e os consumidores não técnicos muitas vezes desconfiam de comprar um computador sem o apoio do vendedor simpático na loja de varejo.

Finalmente, as *mini-mills* estão enfrentando séria concorrência de empresas globais como a ArcelorMittal, que têm acesso a operações de aço de custo muito baixo em vários cantos do mundo em desenvolvimento (os custos da mão de obra no Cazaquistão – para citar uma usina da ArcelorMittal – são baixíssimos). À medida que as barreiras comerciais diminuíram e que surgiu uma nova concorrência com economias de escala maciças, a vantagem de custo das *mini-mills* encolheu.

O resultado de todos esses casos é que as vantagens de custo baseadas no processo podem criar fossos temporários se os operadores históricos não puderem replicá-los imediatamente, se os novos ingressantes não puderem copiar o processo, ou se, caso fizessem isso, provavelmente destruiriam a economia do setor. Ainda assim, observe que o sucesso de dois dos nossos exemplos – a Dell e a Southwest – foi parcialmente baseado na inação (ou estratégia ruim, no caso da Gateway) das potenciais concorrentes. Um fosso que é construído ao redor de concorrentes preguiçosas ou trôpegas não é muito forte. Portanto, vale a pena observar de perto os fossos baseados em processos, porque a vantagem de custo geralmente desaparece quando as concorrentes copiam o processo de baixo custo ou inventam algum por conta própria.

Localização, localização, localização

Um segundo tipo de vantagem de custo deriva do fato de se ter uma localização vantajosa. Esse tipo de vantagem de custo é mais durável do que aquele baseado no processo, pois os locais são muito mais difíceis de serem duplicados. Essa vantagem ocorre com mais frequência no caso de mercadorias pesadas e baratas – quando a relação valor/peso é baixa – que são consumidas perto de onde são produzidas.

Primeiro, voltemos aos transportadores de resíduos e aos produtores de agregados, aqueles negócios locais, mas lucrativos, apresentados no Capítulo 3. Além de terem fossos regulatórios, porque poucas comunidades querem novos aterros ou pedreiras de cascalho em suas redondezas, negócios desse tipo também têm uma sólida vantagem de custo baseada na localização. Quanto mais um caminhão de lixo tem que viajar para chegar ao aterro sanitário, ou quanto mais um caminhão cheio de cascalho tem que viajar até o canteiro de obras, mais caro custa despejar o lixo ou entregar o cascalho. Assim, as empresas com aterros e pedreiras localizadas mais perto de seus clientes quase invariavelmente têm custos mais baixos, o que significa que as concorrentes teriam dificuldade se quisessem conquistar seus mercados.

Podemos olhar para a economia no nível da pedreira de uma empresa de agregado e ver isso claramente. Pedra, areia e cascalho custam cerca de US$ 7 por tonelada no local da pedreira e um adicional de US$ 0,10 a US$ 0,15 por tonelada para cada quilômetro gasto na traseira do caminhão para chegar ao local de entrega. Assim, apenas 8 a 11 quilômetros de transporte aumentam os custos em 10%, o que é repassado ao cliente. Na prática, esses custos significam que as empresas de agregados têm basicamente um minimonopólio sobre os clientes de construção localizados mais perto da pedreira, e relativamente pouca concorrência dentro de um raio de 80 quilômetros, que é aproximadamente o mercado acessível para uma pedreira.

As fábricas de cimento têm economia e poder de precificação semelhantes dentro do raio em que estão localizadas. Você já se perguntou por que vê com frequência uma antiga fábrica de cimento perto do centro da cidade ou em algum outro lugar incoerente? Porque provavelmente essa fábrica é a fornecedora de cimento de menor custo, de longe, para os projetos de construção na área, e provavelmente é bastante lucrativa, o que significa que paga muitos impostos, ajudando seu proprietário a afastar os políticos locais que querem instalar condomínios no local. Assim como as pedreiras, fábricas de cimento muitas vezes criam minimonopólios em suas imediações.

Algumas empresas siderúrgicas, embora não todas, também têm custos mais baratos com base na localização difícil de replicar. Por exemplo, a ex-estatal Posco domina o mercado siderúrgico coreano, controlando cerca de 75% da produção do país. Embora a Posco tenha que importar matérias-primas, o que prejudica os custos, sua localização – na mesma pequena península coreana que abriga as grandes indústrias automobilísticas e de construção naval daquele país – lhe dá vantagem com os custos de transporte. Além disso, a Posco está localizada a apenas um dia de distância da China, o que significa que ela pode fornecer aos clientes chineses a um custo menor do que as usinas brasileiras ou russas, que têm custos de insumos mais baixos, mas custos de transporte muito mais altos. À medida que os produtores de aço chineses melhoram a cadeia de qualidade e são capazes de produzir maiores quantidades de aço de alta qualidade, essa vantagem pode diminuir um pouco, mas tem sido poderosa nos últimos tempos.

É meu, só meu

Um terceiro tipo de vantagem de custo que geralmente se limita aos produtores de commodities é o acesso a um ativo exclusivo de classe mundial. Se a empresa tiver a sorte de possuir um depósito de recursos com custos de extração mais baixos do que qualquer outro produtor de recursos comparáveis, quase sempre ela tem vantagem competitiva.

A Ultra Petroleum, por exemplo, é uma empresa de energia de médio porte que pode produzir e vender gás natural a um custo incrivelmente baixo devido a algumas propriedades vantajosas de uma parte do estado americano de Wyoming. A empresa cercou terras a um preço muito barato antes que seu potencial fosse amplamente reconhecido e, como resultado, é cerca de duas vezes mais lucrativa do que o produtor médio de gás natural norte-americano. Por exemplo, a perfuração da maioria dos poços da Ultra custa cerca de US$ 7 milhões, enquanto a perfuração de poços com reservas comparáveis em outros lugares da América do Norte custa às outras empresas cerca de US$ 17 milhões a US$ 25 milhões. Essa é uma enorme vantagem de custo que permite à Ultra gerar alguns dos maiores retornos sobre o capital entre as empresas de energia que cobrimos na Morningstar.

Outro negócio com esse tipo de vantagem de custo é uma pequena empresa incomum que a Morningstar cobriu por alguns anos chamada Compass Minerals, que opera na indústria verdadeiramente empolgante do sal-gema (pense em descongelamento de estradas, não em temperar batatas fritas). A Compass possui uma mina em Ontário chamada Goderich, que produz sal-gema com alguns dos custos mais baixos do globo terrestre devido à sua geologia única – o veio que atualmente está sendo minerado tem mais de 100 pés de espessura – e ao enorme tamanho. A Compass também se beneficia da localização da mina Goderich sob o Lago Huron, o que permite que a empresa envie sal para o Centro-Oeste americano a um custo muito baixo ao longo de rios e canais. Como o sal é muito barato, os baixos custos de transporte aumentam a vantagem competitiva da Compass. Além disso, o fato de estar perto de uma fonte constante de demanda – em média, o Centro-Oeste tem um clima de inverno bastante desagradável – também ajuda.

Se você olhar bem, verá que esse tipo de vantagem competitiva não se limita a empresas que extraem coisas do solo. Veja a Aracruz Celulose, uma empresa brasileira que não é somente a maior produtora de celulose do mundo, mas também a de menor custo. Por quê? Bem, é muito simples: os eucaliptos que ela usa para celulose crescem mais rápido no Brasil do que em qualquer outro lugar do mundo (as mudas amadurecem em cerca de sete anos no Brasil, em comparação com dez anos no vizinho Chile e mais de vinte anos em climas temperados como a América do Norte). Como a base de recursos da Aracruz se renova a cada sete anos, não é difícil ver que, enquanto as árvores da concorrência demorarem 50% a 200% a mais de tempo para crescerem, a Aracruz poderá produzir mais celulose com menos capital investido do que qualquer outra empresa.

É barato, mas dura?

As vantagens de custo podem ser fontes extremamente poderosas de vantagem competitiva, mas algumas são mais propensas a durar mais tempo do que outras. Vantagens baseadas no processo geralmente precisam ser observadas de perto, porque, mesmo que durem algum tempo, geralmente isso se deve a alguma limitação temporária na capacidade da concorrência de copiar esse processo. Uma vez que essa limitação desapareça, o fosso pode ficar bem mais estreito muito rapidamente. As vantagens de custo com base na localização e os baixos custos com base na propriedade de algum ativo exclusivo são muito mais duráveis e fáceis de usar. Empresas com vantagens de localização geralmente criam minimonopólios, e depósitos de recursos naturais de classe mundial são, por definição, muito difíceis de replicar.

A grande vantagem de custo, claro, é a escala, e as vantagens de escala podem criar fossos econômicos extremamente duráveis. Quando ser maior é realmente ser melhor? Esse é o assunto do próximo capítulo.

Conclusões

1. As vantagens de custo são mais importantes nas indústrias em que o preço é muito importante na decisão de compra do cliente. Verificar se um produto ou serviço

tem um substituto facilmente disponível vai direcioná-lo para setores nos quais as vantagens de custo podem criar fossos.

2. Processos mais baratos, melhores localizações e recursos exclusivos podem criar vantagens de custo, mas fique de olho nas vantagens baseadas no processo. O que uma empresa pode inventar alguma outra pode copiar.

Capítulo 7 – A vantagem do tamanho

Ser maior pode ser melhor, se você souber o que está fazendo.

Ser maior é ser melhor apenas até certo ponto. Ao pensar em vantagens de custo decorrentes da escala, lembre-se de uma coisa: o tamanho absoluto de uma empresa importa bem menos do que seu tamanho em relação às rivais. Duas grandes empresas que dominam um setor – por exemplo, Boeing e Airbus – provavelmente não terão vantagens de custo significativas baseadas em escala uma em relação à outra. No entanto, como discutiremos mais adiante neste capítulo, mesmo uma empresa bem pequena em termos absolutos pode ter um fosso bastante sólido se for muito maior do que a concorrência.

Para entender as vantagens de escala, é importante lembrar a diferença entre custos fixos e variáveis. Se você pensar na mercearia local, os custos fixos são aluguel, serviços públicos e salários para um nível mínimo de funcionários. Os custos variáveis seriam o custo no atacado das mercadorias que a loja precisa para estocar as prateleiras e talvez os custos compensatórios extras em épocas de alto tráfego do ano, como os feriados. Uma corretora de imóveis, ao contrário, teria quase exclusivamente custos variáveis. Fora escritório, telefone, carro e computador com acesso ao banco de dados das casas à venda, o corretor não tem muitos custos além das comissões, que variam conforme as vendas dos imóveis, ou seja, sem vendas, sem comissões.

Falando de modo muito geral, quanto maior o nível dos custos fixos em relação aos custos variáveis, mais consolidada tende a ser a indústria, pois os benefícios do tamanho são maiores. Não é surpreendente que existam apenas algumas empresas nacionais de entrega de pacotes, ou fabricantes de automóveis, ou produtores de microchips. Por outro lado, existem milhares de pequenas agências imobiliárias, consultorias, escritórios de advocacia e agências de contabilidade. O escritório de advocacia com mil advogados não tem vantagem de custo sobre o escritório de advocacia com dez advogados. Ele pode ter uma gama maior de serviços a oferecer e talvez obtenha negócios adicionais por isso, mas não terá vantagem de custo significativa sobre o concorrente menor.

Podemos dividir ainda mais as vantagens de custo baseadas em escala em três categorias: distribuição, fabricação e nichos de mercado. Embora a escala de fabricação tenda a receber toda a atenção no curso introdutório de Economia, a minha experiência é que as vantagens de custo decorrentes das grandes redes de distribuição ou do domínio de um nicho de mercado são igualmente poderosas e, em uma economia cada vez mais orientada para os serviços, também são mais comuns.

O valor da van

Grandes redes de distribuição podem ser fontes de tremendas vantagens competitivas, e você pode enxergar facilmente o porquê se pensar na economia de se mover coisas de um ponto A para um ponto B. Vejamos os custos fixos e variáveis da gestão de uma frota de caminhões de entrega. Os próprios caminhões – comprados ou alugados – representam um custo fixo, assim como os salários dos motoristas e a maior parte do combustível que os caminhões precisam consumir ao percorrerem suas rotas. Os únicos custos variáveis reais são as horas extras nos períodos de maior movimento e alguma parcela do combustível (considere que o custo fixo do combustível é o necessário para o caminhão completar a rota normal e o custo variável é o consumido se o caminhão precisar sair do percurso para ir a um local que não faça parte da rota normal).

Embora a criação e operação da rede de entrega seja uma proposta cara para o nível básico de serviço, o lucro adicional em cada item que a frota de caminhões entrega é enorme. Pense nisto: uma vez que os custos fixos são cobertos, entregar um item extra que esteja na rota de entrega é extremamente lucrativo pois o custo variável de se fazer uma parada extra é quase nada. Agora imagine você tentando competir com uma empresa que possui uma rede de distribuição estabelecida, que provavelmente já cobriu seus custos fixos e está obtendo grandes lucros adicionais à medida que entrega mais coisas enquanto você precisará assumir grandes perdas por algum tempo até, se possível, ganhar escala suficiente para se tornar rentável.

Na verdade, uma das principais razões para a United Parcel Service (UPS) ter retornos de capital muito mais altos do que a rival FedEx é que ela obtém uma proporção maior dos lucros operacionais com a entrega de encomendas porta a porta, em oposição à entrega noturna nos serviços de cartas. Uma rede densa de entrega terrestre tem retornos de capital muito melhores do que um serviço expresso noturno. Uma van de entrega com apenas meia carga provavelmente ainda cobrirá seus custos, enquanto um jato com uma carga pela metade de pacotes urgentes provavelmente não.

Muitas empresas com redes de entrega podem cavar esse tipo de fosso econômico. Considere a Darden Restaurants, que opera a Red Lobster, uma rede de restaurantes casuais de frutos do mar nos Estados Unidos. Pode não parecer empolgante, mas levar frutos do mar razoavelmente frescos para 650 restaurantes em um continente inteiro não é uma tarefa pequena. Então, ter uma grande rede de distribuição permite que a Darden faça isso com mais eficiência e menor custo do que as concorrentes. Com muito mais restaurantes do que sua concorrente mais próxima, a Darden claramente se beneficia da escala de distribuição.

Passando das saborosas patas de caranguejo para o mundo menos palatável dos resíduos médicos, também é possível ver uma enorme vantagem de distribuição numa empresa chamada Stericycle, que é a maior empresa de coleta e descarte de resíduos médicos nos Estados Unidos. A Stericycle é 15 vezes maior que a concorrente mais próxima, o que proporciona uma densidade de rota incomparável. Ter mais paradas por rota resulta em rotas mais lucrativas, retornos de capital mais altos e um fosso econômico mais largo. Ter uma rede de distribuição grande e densa significa que a Stericycle pode potencialmente cobrar menos que as concorrentes e ainda gerar lucros maiores.

As grandes redes de distribuição são extremamente difíceis de replicar e muitas vezes são fonte de fossos econômicos muito largos. Vemos isso em empresas como Sysco, a maior distribuidora de serviços de alimentação dos Estados Unidos, Fastenal, uma das maiores distribuidoras de produtos de fixação para empresas manufatureiras dos Estados Unidos, e grandes empresas de bebidas, como Coca-Cola, Pepsi e Diageo.

Ser maior pode ser melhor

As vantagens de custo também podem derivar da escala de fabricação. O exemplo clássico disso é a fábrica com linha de montagem. Quanto mais próxima a fábrica estiver de 100% da capacidade, mais lucrativa será, e quanto maior a fábrica for, mais fácil será distribuir os custos fixos – como aluguel e serviços públicos – por um volume maior de produção. Além disso, quanto maior a fábrica, mais fácil é a especialização de tarefas individuais ou a mecanização da produção. Indiscutivelmente, a prevalência desse tipo de vantagem de custo diminuiu um pouco no passado recente, à medida que enormes *pools* de mão de obra de baixo custo na China e na Europa Oriental se integraram à economia global, fazendo com que algumas manufaturas se afastassem da Europa e da América do Norte. Ainda assim, é uma vantagem muito real para algumas empresas.

Talvez o melhor exemplo disso seja a Exxon Mobil Corporation, que tem custos operacionais mais baixos do que qualquer outra grande empresa petrolífera integrada, em virtude de alcançar economias de escala em muitos de seus segmentos operacionais. Embora a vantagem de escala seja menos aparente nas operações *upstream* ("rio acima" ou "a montante", atividades que antecedem o início dos processos de produção) de exploração e extração de petróleo e gás natural, ela é muito aparente nas operações de refino e química da empresa, que têm retornos sobre o capital que superam concorrentes como a Valero e a BASF Corporation.

A escala de fabricação não precisa se limitar a possuir uma instalação de produção maior do que a concorrência. Se pensarmos a escala apenas em termos de distribuição de custos fixos sobre uma base de vendas maior, podemos ver que empresas não manufatureiras também podem se beneficiar de economias de escala. A Electronic Arts, gigante dos videogames, por exemplo, tem mais facilidade para criar jogos fantásticos do que empresas menores, porque o custo de levar um jogo ao mercado – atualmente em torno de US$ 25 milhões – é essencialmente fixo, e a Electronic Arts pode distribuir os enormes custos de desenvolvimento de seus jogos numa base de vendas global maior.

Do outro lado do oceano, no Reino Unido, vemos uma dinâmica semelhante na BskyB, a maior provedora de serviços de televisão por assinatura naquele país. A Sky pode pagar muito mais por conteúdo do que as rivais porque pode distribuir o custo por um número maior de assinantes – ela tem cerca de três vezes mais assinantes do que a Virgin Media, a concorrente mais próxima. Assim, a Sky pode comprar mais partidas de futebol da Premier League, mais filmes inéditos e mais programas de televisão norte-americanos de sucesso, que atraem mais assinantes, dando à Sky força financeira para continuar aumentando as ofertas de conteúdo. Na ausência de um novo participante no mercado que supere a Sky em uma parte significativa desse conteúdo e que esteja disposto a sofrer grandes perdas financeiras ao tentar roubar assinantes, parece que a Sky tem um fosso econômico bastante largo.

Peixes grandes em lagoas pequenas ganham muito dinheiro

Um último tipo de vantagem de escala é o domínio de um nicho de mercado. Mesmo que a empresa não seja grande em sentido absoluto, ser relativamente maior do que a concorrência em um segmento específico de mercado pode conferir enormes vantagens. Na verdade, as empresas podem construir quase monopólios em mercados que são grandes o bastante para sustentar apenas uma empresa lucrativamente, porque não faz sentido econômico para um novo participante gastar o capital necessário para entrar nesse nicho.

O *Washington Post*, por exemplo, possui vários sistemas de TV a cabo em cidades menores como Boise, no estado de Idaho, de tamanho suficiente para suportar apenas uma única operadora de serviços a cabo. A concorrência não gasta o capital necessário para a construção de um sistema concorrente porque o *pool* de lucros comporta apenas uma empresa. Se o concorrente construísse um segundo sistema de cabo, nem ele nem o titular teriam clientes suficientes para serem razoavelmente lucrativos. Embora os números atraentes dessas operações de cabo em cidades pequenas tenham diminuído um pouco desde que a televisão por satélite entrou na briga, elas ainda são bons exemplos de fosso de nicho de mercado.

As empresas com fossos de nicho de mercado podem gerar retornos fabulosos sobre o capital quando fabricam produtos muito banais. Por exemplo, eu duvido que você já tenha pensado muito em bombas industriais; você pode, no entanto, ganhar muito dinheiro fabricando pulverizadores de tinta de alta qualidade e bombas para processamento de alimentos. Uma pequena e maravilhosa firma de Minneapolis chamada Graco, Inc. produz ambos os produtos e gera 40% de retorno sobre o capital no processo.

Como é possível? Em primeiro lugar, o mercado total de bombas industriais de ponta não é tão grande, o que limita sua atratividade para concorrentes grandes e bem financiados. Em segundo lugar, a Graco gasta generosamente – cerca de 3% a 4% das vendas – em pesquisa e desenvolvimento, garantindo sua permanência contínua na vanguarda das exigências dos clientes. Terceiro, os produtos da Graco em geral oferecem resultados altamente visíveis para o consumidor final, mas representam uma pequena fração dos custos totais de produção. Pense na mancha e no verniz de um móvel ou na pintura de um carro novo: o toque final não é tão caro em relação ao custo total do produto, mas é a primeira coisa que o consumidor vê. Como resultado, a Graco pode extrair preços *premium* de clientes como fabricantes de móveis ou montadoras. Os gastos extras não afetam muito o custo da mesa ou do carro esportivo, mas definitivamente aumentam as margens de lucro da Graco.

Embora esse tipo de vantagem competitiva seja frequentemente encontrado em empresas manufatureiras menores, ele não se limita ao mundo industrial. Existe uma pequena empresa de software chamada Blackboard, por exemplo, que domina cerca de dois terços do mercado de sistemas de gestão de aprendizado com um tipo de aplicativo de software para universidades que conecta professores e alunos. O software da Blackboard permite que os professores publiquem tarefas, ajuda os alunos a colaborarem nos projetos e possibilita que professores e alunos se comuniquem. Como as bombas industriais, não é um mercado gigantesco, por isso é menos provável que atraia algum gigante como a Microsoft ou a Adobe. É também um mercado altamente especializado, portanto a concorrência provavelmente precisaria gastar recursos substanciais para saber o que os clientes desejam antes de ter sucesso. Como o mercado é relativamente pequeno, poucas empresas se arriscam.

Um último exemplo fascinante de controle de nicho são as empresas privadas de infraestrutura. Embora não sejam muito comuns nos Estados Unidos, elas estão se tornando mais comuns em outras partes do mundo, sendo os aeroportos talvez o melhor exemplo. Muitos aeroportos ao redor do mundo são empresas privadas, inclusive a maioria dos aeroportos do México; o aeroporto de Auckland, na Nova Zelândia; o de Schipol, em Amsterdã; e vários outros. Embora a autorização regulatória – um ativo intangível – seja certamente um tipo de vantagem competitiva desfrutada pelos aeroportos, a economia do único concorrente também se aplica. Muitos mercados têm tráfego aéreo suficiente apenas para suportarem lucrativamente um único aeroporto. Portanto, mesmo que algum concorrente pudesse obter a autorização regulatória para abrir um segundo aeroporto perto de Auckland ou de Puerto Vallarta, esse fato não geraria necessariamente retornos atraentes sobre o capital. Isso mantém os novos participantes fora do mercado, dando a muitos aeroportos fossos econômicos bem largos.

Conclusões

1. Ser um peixe grande numa lagoa pequena é muito melhor do que ser um peixe maior em um lago maior. Concentre-se na proporção peixe-lago, e não no tamanho absoluto do peixe.

2. Entregar peixe mais barato do que os outros pode ser bastante lucrativo. Assim como entregar outras coisas.

3. As economias de escala não têm nada a ver com escamas de peixe, mas podem criar vantagens competitivas duradouras.

Capítulo 8 – Fossos que sofrem erosão

Eu perdi a minha vantagem e não consigo me reerguer.

Até agora, nós falamos quase exclusivamente a respeito dos sinais de uma forte vantagem competitiva, ou seja, das características estruturais que criam fossos econômicos. Investir seria relativamente simples se tudo o que tivéssemos que fazer fosse procurar empresas com fossos, esperar que elas negociassem a preços razoáveis e depois trancá-las para sempre, capitalizando em êxtase com a vantagem competitiva. Infelizmente, o mundo não é um lugar estático, o que complica consideravelmente as coisas.

A melhor análise do mundo pode se tornar discutível por mudanças imprevistas no cenário competitivo. Há uma década, ser especialista na Bolsa de Valores de Nova York significava ter uma licença para imprimir dinheiro. Hoje, é como ter o monopólio dos chicotes de guias de charretes. Trinta anos atrás, a Polaroid revolucionava a forma como as pessoas tiravam fotos, mas a empresa teve uma morte lenta muito antes da imagem digital colocar o último prego no caixão da fotografia em filme.

A telefonia de longa distância e os jornais já foram negócios confiáveis e altamente lucrativos, mas agora lutam para gerar dinheiro. A lista desses casos é grande.

Todos esses negócios tiveram fortes vantagens competitivas em um determinado momento, mas o mundo mudou para seu azar. Embora a mudança possa representar uma oportunidade, ela também pode corroer severamente fossos econômicos outrora largos. Por isso, é fundamental monitorar continuamente a posição competitiva das empresas nas quais você investe e observar os sinais de que o fosso pode estar se desgastando. Se você conseguir fazer a leitura antecipada da vantagem competitiva enfraquecida, poderá melhorar muito as chances de preservar os seus ganhos em um investimento bem-sucedido ou de reduzir as suas perdas em um investimento malsucedido.

Ser aniquilado

Existem dois lados nessa ameaça. De um lado está o risco de a empresa que vende tecnologia – software, semicondutores, equipamentos de rede etc. – perder o pique na furiosa corrida para permanecer na vanguarda. Para começar, claro, a maioria das empresas que vendem produtos de tecnologia tem dificuldade em construir uma vantagem competitiva duradoura, ou seja, é difícil destruir um fosso que nunca existiu. Ser tecnologicamente suplantado pela concorrência é simplesmente uma realidade inevitável para a maioria das empresas de tecnologia, porque normalmente elas vencem nos negócios com um produto melhor, mais rápido, mais barato do que os produtos dos seus pares. Assim, constantemente elas correm o risco de ver a vantagem competitiva desaparecer em meses, caso um produto melhor chegue ao mercado. Como disse um acadêmico que estuda a vantagem competitiva: "A longo prazo, tudo vira torradeira".

Ocasionalmente, um produto é tão melhor que os outros que seu sucesso se retroalimenta e a empresa se torna o padrão de fato para a indústria. A Research in Motion, fornecedora do onipresente dispositivo de e-mail para celulares BlackBerry, é um bom exemplo. No entanto, a história muito mais comum entre fornecedores de tecnologia sem poder de definição de padrões é que eles caem no esquecimento (lembra-se da Palm?) ou tropeçam por anos até que uma empresa maior acabe com o sofrimento dos acionistas por meio de uma aquisição.

Do outro lado, a disrupção tecnológica é uma ameaça ainda mais inesperada – e grave – quando afeta empresas não tecnológicas, porque essas empresas podem parecer ter vantagens competitivas muito fortes até alguma mudança tecnológica permanente surgir e prejudicar sua economia. Uma coisa é ter a vantagem competitiva destruída quando ela mal existia; outra coisa, bem diferente, é quando um negócio que antes parecia um caixa eletrônico perpétuo é relegado à irrelevância.

Os exemplos de disrupção tecnológica são abundantes. Pense na Eastman Kodak, que por décadas foi uma mina de ouro com seu domínio do mercado americano de filmes fotográficos e que hoje luta para encontrar um lugar no mundo digital. De 2002 a 2007, a Kodak obteve apenas cerca de US$ 800 milhões em receitas operacionais acumuladas, uma queda de 85% em relação a seus lucros operacionais acumulados nos cinco anos anteriores. Se a Kodak poderá eventualmente ter sucesso na fotografia digital ainda é uma questão em aberto, mas a economia dos produtos eletrônicos de consumo de ciclo curto parece mais difícil do que o negócio lento, mas altamente lucrativo, de vender celuloide, papel e produtos químicos desfrutado pela Kodak no passado.

Os jornais já foram um dos melhores negócios do mundo, gerando fluxos de caixa maciços de forma confiável por meio de seu domínio sobre notícias locais, publicidade e classificados. Isso não acontece mais, pois a Internet causou danos irreversíveis ao negócio de distribuição de notícias diárias. Os jornais não estão prestes a desaparecer, mas é improvável que sejam tão lucrativos quanto antes.

A Internet também matou a telefonia de longa distância, outro negócio que já foi incrivelmente lucrativo. Por décadas, as empresas de telefonia cunharam dinheiro como guardiãs da conectividade entre indivíduos e empresas distantes. Agora que as chamadas telefônicas podem ser roteadas por redes de protocolos da Internet, as operadoras de telecomunicações tradicionais enfrentam uma situação econômica estruturalmente pior do que jamais enfrentaram. Qualquer pessoa com um computador e um software gratuito pode fazer ligações que custam centavos por minuto. Então, essa fonte de dinheiro antes confiável para operadoras de longa distância desapareceu para sempre.

Pergunte ainda a qualquer executivo bem-arrumado da indústria fonográfica o que a Internet fez com o negócio de divulgação musical. Ai!

Um exemplo final que deve ser o favorito nos corações dos investidores é a experiência das bolsas de valores – principalmente a dos operadores e especialistas de pregão – ao longo das últimas décadas. Assim que a NASDAQ se tornou uma concorrente viável no final da década de 1970 e demonstrou que a troca totalmente eletrônica era uma alternativa mais barata do que a troca baseada no pregão físico, a caixa de Pandora foi aberta. O aumento do volume na NASDAQ, combinado com custos de comunicações e de computação cada vez menores, estimulou a criação de redes de negociação fora da bolsa, como a Archipelago. Quanto maior era o volume de negociação que escapava dos operadores de pregão e dos especialistas, mais precárias suas posições se tornavam, com o vento contrário dos *spreads* de compra e venda mais apertados prejudicando as margens de lucro.

É verdade que uma disrupção tecnológica do tipo que danifica estruturalmente a economia de toda uma indústria é relativamente rara, mas é uma experiência dolorosa para os investidores incapazes de reconhecer a mudança a tempo. Uma coisa a lembrar é que as tecnologias disruptivas podem prejudicar ainda mais os fossos das empresas *viabilizadas* pela tecnologia do que das empresas que *vendem* tecnologia, mesmo que os investidores de empresas viabilizadas pela tecnologia não pensem que possuem ações de tecnologia.

Terremotos industriais

Assim como as mudanças no cenário tecnológico podem causar a erosão de fossos que antes eram fortes, mudanças na estrutura das indústrias também podem causar danos duradouros às vantagens competitivas das empresas. Uma mudança comum a ser observada é a consolidação de um grupo de clientes antes fragmentado.

Nos Estados Unidos, a ascensão de grandes varejistas como a Target e o Walmart mudou permanentemente para pior a economia de muitas empresas de produtos de consumo. Embora vários fatores tenham contribuído para a diminuição do poder de precificação de empresas como a Clorox e a Newell Rubbermaid, o aumento do poder de compra de um grupo concentrado de clientes certamente está no topo da lista. No caso da Newell, as marcas da empresa também foram prejudicadas pela Office Max e pela Staples, que vendem suprimentos de escritório de marca própria.

Em outra área do varejo, o desaparecimento das lojas familiares de ferragens e a substituição delas pelo duopólio Lowe's/Home Depot prejudicou a economia de muitos fornecedores de ferragens. Mesmo empresas com marcas respeitadas como a Stanley Works ou a Black & Decker perderam poder de precificação agora que vendem uma porcentagem considerável de seus produtos através da Lowe's e da Home Depot, que têm muito mais poder de negociação do que um grupo fragmentado de lojas de ferragens independentes.

As mudanças no cenário da indústria não precisam ser locais, é claro. A entrada da mão de obra de baixo custo da Europa Oriental, da China e de outros lugares no mercado global de mão de obra prejudicou permanentemente a economia de muitas empresas manufatureiras. Em alguns casos, o diferencial da mão de obra é tão grande que as empresas que antes se beneficiavam de um fosso baseado em localização viram essa vantagem competitiva desaparecer, já que a economia da mão de obra de baixo custo é grande o bastante para compensar os altos custos de transporte. A indústria de móveis de madeira nos Estados Unidos viu isso acontecer em primeira mão.

Uma última mudança a ser observada é a entrada de algum concorrente irracional em uma indústria. Empresas consideradas estratégicas por um governo nacional podem adotar ações que apoiem objetivos políticos ou sociais, mesmo que resultem em menor lucratividade. Por exemplo, o negócio de fabricação de motores a jato para aeronaves tem sido há anos um oligopólio confortável entre a General Electric, a Pratt & Whitney (de propriedade da United Technologies) e a britânica Rolls-Royce. A prática padrão na indústria por muito tempo tem sido vender os motores pelo preço de custo ou um pouco abaixo e ganhar dinheiro com contratos de serviço lucrativos. Como os motores a jato podem durar décadas, o longo fluxo de taxas de serviço pode ser bastante rentável.

Contudo, em meados da década de 1980 a Rolls-Royce enfrentou dificuldades financeiras e precisou de subsídios do governo britânico para manter a empresa viva. Para salvar empregos e conseguir negócios em uma das empresas mais importantes do país, a gestão começou a reduzir os preços dos motores e dos contratos de manutenção. Infelizmente, essa prática continuou por anos depois que a Rolls-Royce retornou a uma lucratividade consistente, e o resultado foi que as margens da Pratt e da GE sofreram por um bom tempo, pois foram forçadas a igualar os preços da Rolls-Royce. Os motores a jato continuaram sendo um bom negócio, com um fosso econômico decente, e as margens da GE em particular se recuperaram. No entanto, as ações da Rolls-Royce prejudicaram os três *players* na época.

Um tipo de crescimento ruim

Alguns tipos de crescimento podem provocar erosão nos fossos. Na verdade, eu diria que o ferimento mais comum autoinfligido à vantagem competitiva ocorre quando uma empresa busca crescimento em áreas onde não tem fosso. A maioria dos gestores corporativos pensa que ser maior é sempre ser melhor (para ser justo, os gestores das empresas maiores tendem a ganhar mais do que os gestores das empresas menores, então isso não é ilógico em alguns aspectos) e assim eles se expandem para negócios menos lucrativos.

O meu exemplo favorito disso é a Microsoft. Sim, a empresa ainda tem um fosso muito largo, mas eu diria que seus acionistas não foram bem atendidos na última década pelas tentativas da empresa de se expandir para fora de seu sistema operacional principal e para franquias de produtividade do Office. A lista de buracos nos quais a Microsoft despejou dinheiro é mais longa do que você imagina: Zune, MSN e MSNBC são apenas o começo. Você sabia que certa vez a empresa tentou lançar uma série de brinquedos infantis chamados Actimates? Ou que gastou mais de US$ 3 bilhões em várias empresas de cabo europeias no final da década de 1990?

Embora a Microsoft provavelmente fosse um pouco menor em termos de funcionários e vendas, caso jamais tivesse se aventurado em nenhuma dessas áreas, os fenomenais retornos de capital da empresa teriam sido ainda maiores sem os gastos infrutíferos em setores nos quais não tinha vantagem competitiva. Que ideia foi essa de uma empresa de software iniciar um *canal de notícias a cabo*? Pelo amor de Deus!

Como muitas empresas de grande porte, a Microsoft encontrava-se na invejável posição de gerar mais dinheiro do que o necessário para reinvestir nas franquias principais de Windows e Office. E ela optou por pegar esse dinheiro e usá-lo para criar e expandir negócios nos quais sua vantagem competitiva era muito mais fraca. Essa empresa é tão ridiculamente lucrativa que esse mau uso do dinheiro não reduziu os retornos gerais sobre o capital a níveis pouco atraentes, mas esse não é o caso de todas as empresas. Para empresas menos lucrativas, investimentos sem garantia podem prejudicar os retornos sobre o capital a ponto de tornarem a corporação inteira menos atraente como investimento.

Você pode estar se perguntando o que a Microsoft *deveria* ter feito com todo aquele fluxo de caixa que não precisava gastar para continuar expandindo e melhorando o Windows. Bem, a empresa usou um pouco para se expandir com sucesso em áreas complementares, como software de banco de dados e sistemas operacionais para servidores, mas deveria simplesmente ter devolvido o restante aos acionistas como dividendos, uma ferramenta bastante subutilizada para alocar capital de forma eficiente.

Uma empresa pode fechar o seu próprio fosso investindo pesadamente em áreas nas quais não tem vantagem competitiva.

Não, eu não vou pagar

Isso é mais um sinal de erosão do fosso do que a causa, mas é importante mesmo assim. Se uma empresa que tem conseguido aumentar os preços regularmente começa a receber resistência dos clientes, você está recebendo um forte sinal de que a vantagem competitiva dessa empresa pode ter enfraquecido.

Vou dar um exemplo bastante atual da equipe de analistas da Morningstar. No final de 2006, um de nossos analistas notou que a Oracle, que vende software de banco de dados, estava apresentando menor capacidade de aumentar os preços de seus contratos de manutenção de software do que no passado. Historicamente, os contratos de manutenção são um dos segmentos mais lucrativos das empresas que vendem grandes quantidades de software para grandes empresas. Normalmente, grandes clientes corporativos preferem a manutenção feita pelo fornecedor original do software, porque essa empresa é presumivelmente a mais familiarizada com o código e a mais atualizada em novas versões e recursos do software. Além disso, a Oracle praticamente forçava as empresas a manter o software atualizado ao anunciar que, depois de um tempo, não daria mais suporte às versões anteriores.

Assim, a Oracle aumentava ligeiramente sua taxa de manutenção a cada ano. Os clientes reclamavam um pouco, mas ainda pagavam.

Então, por que naquele momento a Oracle estaria recuando nos preços de manutenção? Fizemos algumas pesquisas e descobrimos que tinham surgido algumas empresas terceirizadas de suporte que estavam obtendo uma quantidade razoável de negócios. Se a empresa terceirizada oferecesse serviços de manutenção com credibilidade, os clientes não seriam obrigados a atualizar para a nova versão do software. Parecia provável que essa tendência continuasse, pondo em risco um fluxo de receita muito lucrativo e potencialmente estreitando o fosso da Oracle.

Eu perdi o meu fosso e não consigo me reerguer

Certa vez, o físico e filósofo Niels Bohr disse: "Fazer previsões é muito difícil, especialmente quando se trata do futuro". No entanto, é exatamente isso o que precisamos fazer quando avaliamos a durabilidade da vantagem competitiva de uma empresa. Às vezes você é pego de surpresa, e é nesse momento que precisa reavaliar se o fosso da empresa ainda está intacto ou se a mudança inesperada causou danos permanentes à vantagem competitiva dessa empresa.

Conclusões

1. Mudanças tecnológicas podem destruir vantagens competitivas. No entanto, essa é uma preocupação maior para as empresas *viabilizadas* pela tecnologia do que para as empresas que *vendem* tecnologia, porque os efeitos podem ser mais inesperados.

2. Se a base de clientes de uma empresa se tornar mais concentrada, ou se a concorrência tiver outros objetivos além de ganhar dinheiro, o fosso pode estar em perigo.

3. Nem sempre o crescimento é bom. É melhor uma empresa ganhar muito dinheiro fazendo aquilo em que é boa e devolver o excesso aos acionistas do que jogar o excesso de lucros em uma linha de negócios questionável. A Microsoft conseguiu se safar, mas a maioria das empresas não conseguiria.

Capítulo 9 – Descobrindo fossos

Lá fora é uma selva.

Uma das melhores coisas de ser um investidor inteligente é que o mundo está nas suas mãos. Você não é forçado a investir na indústria A ou na indústria B. Está livre para lançar um olhar perspicaz sobre todo o universo de investimentos, ignorando o que não gosta e comprando o que lhe agrada. Essa liberdade é especialmente importante se você deseja construir um portfólio de empresas com fossos econômicos, porque é muito mais fácil cavar um fosso em alguns setores do que em outros.

Deixe-me repetir, porque este é um ponto extremamente importante: algumas indústrias são brutalmente competitivas e têm uma economia terrível, e a criação da vantagem competitiva exige um gestor do nível de um Prêmio Nobel. Outras indústrias são bem menos competitivas, e nelas mesmo as empresas medianas são capazes de sustentar retornos sólidos sobre o capital (ninguém disse que a vida é justa). Enquanto investidor, você terá chances melhores se buscar ideias em setores em que os gestores só precisam ultrapassar barreiras de 30 cm para ter sucesso do que se procurar vencedores de longo prazo em setores nos quais as barreiras ao sucesso são muito maiores.

Olhando para os extremos opostos do espectro, considere as indústrias de autopeças e de gestão de ativos. Não, não é uma comparação justa, mas esse é precisamente o meu ponto. A Morningstar cobre 13 empresas de autopeças, das quais apenas duas possuem fossos econômicos. As demais lutam para gerar retornos decentes sobre o capital, e aquelas que conseguem têm um sucesso apenas fugaz.

Considere a American Axle, que fabrica eixos para a General Motors e para a Chrysler. Há cinco anos, quando os americanos compravam todos os SUVs que chegavam às lojas, a empresa obtinha retornos respeitáveis sobre o capital, com índices de aproximadamente entre 10% e 15%. Contudo, desde 2003, a queda nas vendas de SUVs e a estrutura de custos pouco competitiva causaram perdas e reduziram os retornos sobre o capital para níveis de um dígito. A mesma história, com pequenas variações, poderia ser repetida para muitos outros fabricantes de autopeças, que operam em uma indústria implacável, com uma economia realmente terrível.

Voltando à gestão de ativos, a Morningstar cobre 18 gestoras de ativos de capital aberto, todas com fossos econômicos (na verdade, uma dúzia tem fossos largos, enquanto o resto tem fossos estreitos)[1]. Embora as barreiras para *entrar* sejam baixas na gestão de ativos – qualquer pessoa disposta

---

1 Na Morningstar, dividimos as empresas com vantagens competitivas em dois grupos: as empresas com vantagens competitivas muito duráveis são rotuladas de "fosso largo", e as empresas com vantagens identificáveis, mas menos fortes, são rotuladas de "fosso estreito". Saiba mais sobre como separar umas das outras no Capítulo 11, no qual veremos vários exemplos.

a gastar cerca de US$ 100 mil em advogados e taxas de registro pode iniciar um fundo mútuo –, as barreiras para o sucesso são bastante altas, porque geralmente uma grande rede de distribuição é necessária para realmente arrecadar os ativos. No entanto, quando são adquiridos, esses ativos tendem a permanecer, o que significa que os gestores de dinheiro que acumulam uma pilha de ativos de bom tamanho sob sua gestão geralmente podem conseguir altos retornos sobre o capital sem muito esforço.

Vamos considerar algo semelhante ao pior cenário possível para o gestor de ativos. Imagine uma empresa que se especializa em um estilo de investimento e esse estilo sai de moda, fazendo com que retornos outrora espetaculares se tornem terríveis. Alguns anos depois, vem à tona que a empresa permitiu que grandes clientes negociassem seus fundos de maneira a desviar os lucros dos detentores de fundos de longo prazo, envolvendo a empresa em uma confusão legal de grande repercussão. Os gestores-estrela se retiram, muitos investidores seguem o exemplo, e os ativos sob gestão são cortados quase pela metade.

Apocalipse? De modo algum! Foi exatamente esse o cenário que aconteceu com a Janus no início da década, e suas margens operacionais, depois de caírem para 11% no fundo do poço da crise, se recuperaram para cerca de 25%. Isso é o que se pode chamar de modelo de negócios resiliente: aquele com fosso.

Procurando fossos nos lugares certos

A Figura 9.1 mostra por setores o universo de cobertura de mais de 2 mil ações da Morningstar, para que possamos ver quais áreas do mercado tendem a ter mais fossos.

Figura 9.1 Fossos por setor

Setor	Fossos Estreitos (%)	Fossos Largos (%)	Todos os Fossos (%)
Software	49	9	58
Hardware	26	5	31
Mídia	69	14	83
Telecomunicações	59	0	59
Serviços de Saúde	31	11	42
Serviços ao Consumidor	32	7	39
Serviços Empresariais	36	13	49
Serviços Financeiros	54	14	68
Bens de Consumo	32	14	46
Matérias-primas Industriais	31	3	34
Energia	55	6	61
Serviços Públicos	80	1	81

Na área de tecnologia, é possível observar que as empresas de software tendem a ter mais facilidade na criação de fossos do que as empresas de hardware. Isso não é simplesmente um artefato contábil – já que as empresas de hardware geralmente exigem mais capital do que as empresas de software –, mas tem uma sólida base na maneira como essas duas amplas categorias de produtos são usadas. Uma parte de um software geralmente precisa ser integrada a outras partes de software para funcionar corretamente, e essa integração leva ao aprisionamento do cliente e a custos de troca mais altos. O hardware é muito mais frequentemente baseado em padrões comuns da indústria e pode ser trocado por um novo hardware com bem menos esforço. Existem exceções importantes, é claro, especialmente quando uma empresa de hardware – como, digamos, a Cisco Systems – é capaz de incorporar o software em seus produtos e criar custos de troca. Mas, em geral, você encontra mais fossos entre as empresas de software do que entre as empresas de hardware.

Considerando a turbulência nas telecomunicações nos últimos anos, é um pouco surpreendente ver que quase dois terços das empresas de telecomunicações que cobrimos têm fossos. Existe uma explicação simples para isso: mais da metade das empresas de telecomunicações que a Morningstar cobre são estrangeiras, e muitas vezes estão localizadas em países onde o ambiente regulatório é mais benéfico do que nos Estados Unidos. Em geral, os fossos no setor de telecomunicações dependem muito de uma estrutura regulatória favorável ou de uma posição de nicho que não seja atraente para os concorrentes potenciais, como é o caso de algumas operadoras localizadas em áreas rurais dos Estados Unidos. Então, se você procura uma empresa de telecomunicações com vantagem competitiva, a sua melhor aposta é procurar fora dos Estados Unidos.

Embora algumas empresas de mídia tenham ficado acuadas recentemente, o setor ainda é um campo de batalha razoavelmente bom para empresas com vantagens competitivas. Empresas como a Disney e a Time Warner, por exemplo, controlam grandes quantidades de conteúdo exclusivo que inicialmente pode custar muito para ser produzido, mas que não custa quase nada para ser redistribuído *ad infinitum*. Em geral, descobrimos que a diversidade e o controle dos canais de distribuição ajudam as empresas de mídia a criarem uma vantagem competitiva e um amortecedor contra a inevitável perda de popularidade de qualquer propriedade individual de mídia.

Mais do que muitos outros setores, porém, muitas empresas de mídia estão em risco de disrupção tecnológica à medida que a Internet acaba com modelos de negócios bem estabelecidos. Empresas com marcas extremamente fortes (Disney) ou amplas redes de distribuição (Comcast) supostamente têm melhores chances de sobreviver com fossos intactos.

Assim como as empresas de telecomunicações, as empresas de assistência médica também enfrentam desafios regulatórios: a mudança nas regras de reembolso do Medicare – programa de saúde estadunidense voltado para a terceira idade – pode alterar a economia das empresas menores da noite para o dia, mas a diversidade de produtos das empresas maiores mitiga esse risco. Não se deixe enganar pela porcentagem aparentemente pequena de empresas com fossos na tabela anterior, porque o grande número de pequenas empresas de biotecnologia e de um único produto no setor de saúde distorce os dados. De modo geral, você encontrará mais fossos entre empresas que vendem produtos de saúde, como medicamentos ou dispositivos médicos, do que entre operadoras de planos de saúde (HMOs, *health maintenance organizations*) e hospitais, que prestam serviços de cuidado à saúde. Muitas vezes é muito difícil diferenciar a oferta de serviços referente a um produto que requer anos de pesquisa e desenvolvimento, além da autorização da Food and Drug Administration (FDA) para chegar ao mercado. E, embora as empresas gigantes de medicamentos e dispositivos geralmente tenham vantagens competitivas sólidas, não negligencie as empresas de assistência médica menores que geralmente constroem fossos muito sólidos dominando um nicho, como a Respironics e a ResMed na área de apneia do sono, ou a GenProbe na de exames de sangue.

As empresas que atendem diretamente ao consumidor, como restaurantes e varejistas, muitas vezes têm muita dificuldade em construir vantagens competitivas. A porcentagem de empresas de serviços ao consumidor com fossos largos é uma das menores de todos os setores do mercado. A culpa aqui é dos baixos custos de troca, porque andar de uma loja ou café para o concorrente na mesma rua é incrivelmente fácil, e conceitos populares quase sempre podem ser copiados com facilidade. Varejistas de moda ou cadeias de restaurantes populares muitas vezes apresentam a ilusão de fosso devido ao rápido crescimento e ao burburinho que circunda o novo tipo de loja que está abrindo vários novos locais todos os meses. No entanto, tome cuidado, porque são boas as chances de que a imitação esteja a caminho. Os fossos existentes em serviços ao consumidor – empresas como Bed Bath & Beyond, Best Buy, Target ou Starbucks – geralmente são resultantes de muitas pequenas coisas consistentemente corretas por anos, o que resulta no tipo de experiência confiável do consumidor que impulsiona a fidelidade e o tráfego repetido. Podem ser copiadas, mas não é fácil.

As empresas que prestam serviços a outros negócios são, em muitos aspectos, o oposto dos restaurantes e varejistas. Esse setor tem uma das maiores porcentagens de empresas de grande porte no universo de cobertura da Morningstar, e isso ocorre principalmente porque essas empresas geralmente são capazes de se integrarem tão fortemente aos processos de negócios de seus clientes que criam custos de troca muito altos, dando-lhes poder de precificação e excelentes retornos sobre o capital. Processadoras de dados como a DST Systems e a Fiserv se enquadram nessa categoria, assim como empresas com bancos de dados impossíveis de replicar, como a IMS Health (medicamentos prescritos) ou a Dun & Bradstreet e a

Equifax (históricos de crédito). Essa parte do mercado também tem um número enorme de empresas que dominam nichos, como a Stericycle (resíduos médicos), a Moody's Investors Service (classificações de títulos), a FactSet (agregação de dados financeiros) e a Blackbaud (software de levantamento de fundos para organizações sem fins lucrativos). Embora as empresas de serviços de negócios possam estar mais distantes do seu radar cotidiano, geralmente elas valem o esforço necessário para conhecê-las, considerando a riqueza em fossos que o setor tende a apresentar.

O setor de serviços financeiros é outro ótimo lugar para procurar empresas com fossos. As barreiras para entrar são bastante altas em algumas áreas – quem vai fundar um banco de investimento de grande porte para competir com Goldman Sachs, Lehman Brothers e semelhantes? – e os custos de troca protegem os lucros até mesmo do banco mais mediano, como discutimos no Capítulo 4. Ativos fixos levam a retornos de capital muito duráveis em quase todas as gestoras de ativos. Bolsas financeiras como a Chicago Merc e a NYMEX obtêm enormes benefícios do efeito de rede. Os fossos são mais difíceis de cavar no setor de seguros, apesar de fossos largos e discrepantes como o da Progressive Casualty Insurance Company e o da American International Group (AIG), porque os produtos são mais semelhantes a commodities e os custos de troca são muito baixos. Além disso, muitas empresas de finanças especializadas e fundos de investimentos imobiliários menores têm dificuldade em construir vantagens competitivas duráveis. Assim como as empresas de serviços comerciais, as empresas financeiras podem ser difíceis de entender. Por um lado, seus demonstrativos contábeis parecem muito diferentes daqueles da maioria das empresas, mas os retornos potenciais fazem o esforço valer a pena. Os fossos são abundantes nessa área do mercado.

O setor de bens de consumo é o lar de muitas das empresas que Warren Buffett chamou de "inevitáveis". Nessa definição estão empresas como Coca-Cola, Colgate-Palmolive, Wrigley e Procter & Gamble, com marcas e produtos incrivelmente duráveis e que não saem de moda. Juntamente com os serviços financeiros, esse setor tem as maiores porcentagens de empresas de fosso largo. É fácil entender o porquê: marcas como o chiclete Doublemint e a pasta de dente Colgate não são construídas da noite para o dia, e é preciso muito capital para mantê-las por meio de publicidade e inovação constante. Esse setor é outro ótimo lugar para procurar fossos, mas tenha cuidado com empresas em que o valor da marca pode ser passageiro (fabricantes de roupas como Kenneth Cole ou Tommy Hilfiger), porque produtos de marca própria podem ser uma ameaça (Kraft ou Del Monte) ou o custo da mão de obra pode alterar permanentemente a economia da indústria (Ethan Allen ou Steelcase). E, apesar de as "inevitáveis" talvez serem as mais conhecidas, não ignore as empresas que dominam nichos, como McCormick & Company (especiarias), Mohawk Industries (tapetes), Tiffany (joias) ou Sealed Air (embalagens).

Quando o custo é tudo que importa, cavar o fosso é difícil para muitas empresas de um setor. Essa é uma das grandes razões pelas quais vemos tão poucos fossos na área de matérias-primas industriais. Esteja você minerando metais, produzindo produtos químicos, fabricando aço ou produzindo peças automotivas, é muito difícil diferenciar o seu produto daqueles vendidos pela concorrência, o que significa que a preocupação principal dos clientes será o preço. E, gostemos ou não, apenas algumas empresas em cada setor de commodities podem realmente ter vantagens de custo sustentáveis. Na área de metais, verificamos que apenas as maiores entre as grandes empresas – como BHP Billiton e Rio Tinto – são capazes de criar fossos.

Entretanto, não descarte totalmente as empresas industriais. É isso o que muitos investidores fazem. Aqueles dispostos a cavar podem encontrar verdadeiras joias nessa parte do mercado. O que é especialmente atraente, nesse caso, é que muitos investidores em ações industriais tendem a tratá-las como um grupo monolítico que você compra quando a economia está ficando mais forte e vende quando está ficando mais fraca. Embora seja verdade que muitas empresas do setor são sensíveis à economia como um todo, a tendência do mercado – de jogar fora o bebê (as empresas com fosso) junto com a água do banho (as empresas sem fosso) – pode criar grandes oportunidades para quem buscar a vantagem competitiva. Afinal de contas, o setor abriga empresas que dominam nichos, como Graco (bombas industriais) e Nalco (tratamento de água); empresas de baixo custo, como Steel Dynamics (aço) e Vulcan (agregados para construção); e empresas que se beneficiam de custos de troca significativos, como General Dynamics (defesa) e Precision Castparts (peças forjadas de metais avançados). Existem muitos fossos na velha economia, se você souber o que procurar.

À primeira vista, as ações de energia parecem muito com as commodities de metais, mas os fossos são mais prevalentes aqui do que você imagina por dois motivos. Em primeiro lugar, as empresas que se especializam na produção de gás natural se beneficiam da dificuldade do transporte de gás por longas distâncias. Embora o cobre ou mesmo o carvão possam ser transportados ao redor do mundo com bastante facilidade, o gás natural só pode ser transportado de forma econômica por meio de gasodutos, que não podem cruzar oceanos. Como resultado, os produtores de gás natural na América do Norte podem criar fossos por terem custos mais baixos do que seus concorrentes próximos, porque não precisam competir com o gás natural superbarato vindo do Oriente Médio. Assim, os produtores de gás norte-americanos podem criar fossos desenvolvendo reservas de baixo custo com vida útil razoável. Ao contrário do gás natural, o petróleo é comercializado globalmente. Além disso, também ao contrário do gás natural, existe o cartel chamado Organização dos Países Exportadores de Petróleo (OPEP), que é competente no trabalho de manter o preço do petróleo relativamente alto. Esses altos preços criam retornos decentes sobre o capital para muitos (mas não todos) produtores de petróleo, além do fato de que apenas um pequeno número de gigantes bem capitalizados tem recursos para trabalhar os campos de petróleo que estão sendo descobertos, cada vez mais difíceis de acessar.

Nós também encontramos muitos fossos em um pequeno nicho do setor de energia que, surpreendentemente, não é tão conhecido assim: os oleodutos. Muitas empresas que operam a vasta rede de oleodutos usados para o transporte de gás natural, gasolina, petróleo bruto e vários outros produtos relacionados à energia comercializam publicamente e são negócios muito bons. De modo geral, a construção de um oleoduto requer autorização regulatória, o que nem sempre é fácil de conseguir, e muitos oleodutos se beneficiam da mesma economia de nicho discutida no Capítulo 7. Quando não existe demanda suficiente entre dois pontos para sustentar lucrativamente múltiplos oleodutos, um único oleoduto desfruta do monopólio local e pode cobrar as taxas máximas permitidas. Além disso, essas taxas podem ser bastante atraentes, porque os oleodutos têm um regime regulatório um pouco mais flexível do que as concessionárias. Normalmente, os oleodutos são envoltos em uma estrutura conhecida como parceria limitada máster (*master limited partnership*), que pode causar algumas complicações fiscais para os investidores e que geralmente é inadequada para contas com impostos diferidos, como contas de aposentadorias individuais (IRAs, *individual retirement accounts*) ou 401(k)s. Ainda assim, os retornos atraentes e os negócios promissores nesse pedaço do mercado de energia fazem valer a pena gastar uma ou duas horas a mais na hora de preparar a declaração do imposto.

Por fim, chegamos aos serviços públicos, que são um pouco estranhos em termos de fossos econômicos. Seus monopólios naturais em algumas áreas geográficas parecem torná-los negócios de fosso largo, mas as agências reguladoras – infelizmente para os investidores, felizmente para os consumidores – descobriram isso, e é por esse motivo que seus retornos sobre o capital geralmente são limitados a níveis relativamente baixos. Reguladores razoavelmente amigáveis são o melhor ativo que uma concessionária pode ter, e isso varia consideravelmente por região – o Nordeste e a Costa Oeste dos Estados Unidos têm alguns reguladores menos amigáveis, enquanto o Sudeste é um ambiente mais favorável. De modo geral, o setor de serviços públicos não é uma área do mercado com fossos abundantes; mas ativos geradores de baixo custo e reguladores amigáveis podem gerar retornos decentes, se você for cuidadoso com o preço que paga.

Medindo a lucratividade de uma empresa

Espero que você já tenha entendido que os fossos aumentam o valor das empresas, ajudando-as a se manterem lucrativas por mais tempo. Então, qual a melhor maneira de medir a lucratividade de uma empresa? É fácil: nós analisamos quanto lucro a empresa gera em relação à quantidade de dinheiro investido no negócio. Do ponto de vista dos números, essa é a verdadeira chave para separar as grandes empresas das medianas, porque o trabalho de qualquer empresa é pegar dinheiro e investi-lo em projetos, produtos ou serviços para gerar mais dinheiro. Quanto mais capital sai em relação ao valor que entra, melhor o negócio.

Entender quanto lucro econômico uma empresa gera por *dólar de capital empregado* nos diz se a empresa está usando seu capital com eficiência. Os usuários de capital mais eficientes são os melhores negócios – e os melhores investimentos – porque podem aumentar a riqueza dos acionistas a uma taxa composta mais rápida.

Pense a respeito disso desta maneira. A gestão de uma empresa é semelhante à gestão de um fundo mútuo. O gestor de fundos mútuos pega o dinheiro dos investidores e o investe em ações ou títulos para gerar retorno, e o gestor capaz de gerar, digamos, 12% de retorno vai aumentar a riqueza dos acionistas mais rapidamente do que o gestor que pode gerar apenas 8%. As empresas não são muito diferentes. Elas pegam o dinheiro dos acionistas e o investem em seus próprios negócios para a criação de riqueza. Ao medir o retorno que a empresa conseguiu, sabemos se ela é boa em transformar capital em lucro de forma eficiente.

Então, como medimos o retorno sobre o capital? As três formas mais comuns são o retorno sobre os ativos (ROA, *return on assets*), o retorno sobre o patrimônio líquido (ROE, *return on equity*) e o retorno sobre o capital investido (ROIC, *return on invested capital*). Cada um nos dá a mesma informação, mas de maneira ligeiramente diferente.

O retorno sobre os ativos (ROA) mede o quanto de receita uma empresa gera por dólar dos ativos. Então, se todas as empresas fossem apenas grandes pilhas de ativos acumulados, poderíamos usá-lo e ser perfeitamente felizes. É um bom ponto de partida, e você pode encontrá-lo calculado para praticamente qualquer empresa em sites como Morningstar.com e em outros lugares. Em geral, a empresa não financeira que pode gerar consistentemente um ROA de 7% ou mais provavelmente tem algum tipo de vantagem competitiva sobre os pares.

Só que muitas empresas são pelo menos parcialmente financiadas com dívidas, o que dá uma alavancagem a seus retornos sobre o capital que precisa ser levada em conta. Insira o retorno sobre o patrimônio líquido (ROE), que também é uma ótima medida geral de retorno sobre o capital. O ROE mede a eficiência com que a empresa usa o patrimônio dos acionistas. Pense nisso como uma medida de lucros por dólar de capital dos acionistas. A falha no ROE é que as empresas podem assumir muitas dívidas e aumentar o ROE sem se tornarem mais lucrativas. Por isso, é uma boa ideia analisar o ROE junto com a quantidade de dívidas que a empresa possui. Assim como o ROA, você pode encontrar o ROE calculado para a maioria das empresas em praticamente qualquer site financeiro. Novamente, como regra geral bem ampla, você pode usar 15% como um limite razoável. As empresas que conseguem consistentemente gerar ROEs de 15% ou mais têm mais probabilidade de terem fossos econômicos do que de não terem.

E, finalmente, existe o retorno sobre o capital investido (ROIC), que combina o melhor dos dois mundos, medindo o retorno de todo o capital investido na empresa, independentemente de ser capital ou dívida. Assim, ele incorpora a dívida – ao contrário do ROA –, mas remove a distorção que pode fazer com que empresas altamente alavancadas pareçam muito lucrativas usando o ROE. Ele também usa uma definição diferente de lucros, que ajuda a remover quaisquer efeitos causados pelas decisões de financiamento da empresa (dívida versus patrimônio), para que possamos chegar o mais próximo possível do número que representa a verdadeira eficiência do negócio subjacente. Existem várias maneiras de calcular o ROIC, e a fórmula pode ser complicada, por isso não é um número prontamente disponível como o ROA e o ROE. O resultado é que você deve interpretar o ROIC da mesma forma que o ROE e o ROA: o retorno maior é preferível ao retorno menor.

Vá aonde o dinheiro está

Os fossos aumentam o valor das empresas porque permitem que elas permaneçam lucrativas por um longo período. Então, devemos medir a lucratividade usando o retorno sobre o capital, porque as empresas que usam o capital com eficiência aumentarão o capital dos acionistas em ritmo mais rápido. Isso parece razoável, mas os fossos são mais do que apenas uma ferramenta para encontrar empresas mais fortes e valiosas. Como tal, eles devem sempre ser parte essencial do seu processo de seleção de ações.

Por fim, lembre-se: você não precisa investir em todas as partes do mercado de ações. Sentir a necessidade de seguir o rebanho e ser exposto a esta ou aquela indústria sem considerar se a economia da indústria é atraente é má ideia. Willie Sutton ficou famoso por roubar bancos porque "era onde o dinheiro estava". Enquanto investidor, você deve se esforçar para lembrar o raciocínio de Willie: alguns setores são estruturalmente mais lucrativos do que outros, e é neles que ficam os fossos. O dinheiro dos seus investimentos de longo prazo deve ir nesse caminho.

Conclusões

1. É mais fácil criar vantagem competitiva em alguns setores do que em outros. A vida não é justa.
2. Os fossos são absolutos, não relativos. A quarta melhor empresa de um setor estruturalmente atraente pode muito bem ter um fosso mais largo do que a melhor empresa de um setor brutalmente competitivo.

Capítulo 10 – O chefão

A gestão importa menos do que você imagina.

Quando se trata de fossos econômicos, a gestão não importa tanto quanto você imagina.

Essa pode parecer uma declaração chocante para aqueles acostumados a ver os CEOs de alto nível na capa das revistas de negócios e na televisão, mas é verdade. As vantagens competitivas de longo prazo estão enraizadas nas características estruturais do negócio, como eu apresentei nos Capítulos 3 a 7, e os gestores têm apenas uma capacidade limitada de afetá-las. Claro, todos nós podemos nos lembrar de destaques em setores difíceis – a Starbucks conseguiu cavar um fosso econômico em torno de uma cadeia de cafés! –, mas essas empresas são muito mais a exceção do que a regra.

Esse ponto de vista está em conflito direto com as palavras de Jim Collins, conhecido escritor de negócios, que ecoou muitos outros especialistas em negócios quando escreveu: "No fim das contas, a grandeza é, em grande parte, uma questão de escolha consciente".

Na verdade, não. Nenhuma "escolha consciente" consegue transformar uma empresa de autopeças em uma processadora de dados altamente lucrativa, assim como eu não posso me transformar em Warren Buffett tomando Cherry Coke e comendo doces da See's Candies. Nove em cada dez vezes, a dinâmica competitiva da indústria terá um impacto muito maior sobre a empresa ter ou não fosso econômico do que qualquer decisão dos gestores. Não porque a maioria dos gestores seja incompetente, mas porque alguns setores são menos competitivos do que outros. A verdade nua e crua é que o trabalho de manter altos retornos sobre o capital é mais fácil para alguns CEOs.

Como eu discuti no Capítulo 9, alguns setores simplesmente são muito mais propícios a cavarem fossos do que outros. Jogue um dardo de maneira aleatória para escolher uma gestora de ativos, um banco ou uma processadora de dados, e eu quase garanto que você verá retornos de capital de longo prazo mais altos do que em uma empresa de autopeças, um varejista ou uma empresa de hardware e tecnologia selecionada aleatoriamente. Por mais que as escolas de negócios e os gurus da gestão queiram que acreditemos que seguir um conjunto simples de melhores práticas permitirá que boas empresas se tornem grandes, isso simplesmente não é verdade. É certo que uma gestão inteligente pode permitir que uma boa empresa se torne ainda melhor, e eu prefiro ter uma empresa com alocadores de capital inteligentes no comando do que uma dirigida por um bando de idiotas. Além disso, gestores tolos certamente podem fazer com que grandes empresas se tornem menores. No entanto, é muito mais raro que as decisões dos gestores tenham impacto maior na vantagem competitiva de longo prazo de uma empresa do que as características estruturais dessa empresa[1].

Pense no exemplo da Janus no Capítulo 9. A gestão fez o possível para administrar mal o negócio, mas a lucratividade voltou a níveis elevados depois de alguns anos em baixa. Ou, então, veja a H&R Block, que obtém grandes retornos sobre o capital de uma grande franquia de preparação de impostos, apesar de despejar capitais em buracos como a Olde Discount Brokerage. Ou ainda o McDonald's, que lamentavelmente perdeu de vista o gosto do consumidor e, por um tempo, deixou o atendimento ao cliente cair a níveis inaceitáveis, mas foi capaz de mudar o negócio de forma relativamente rápida com base na força duradoura da marca McDonald's. Em todos esses três exemplos, a vantagem competitiva estrutural provou ser muito mais importante a longo prazo do que as decisões de gestores abaixo da média.

Agora pense no que aconteceu quando CEOs superstars como Jacques Nasser, Paul Pressler ou Gary Wendt tentaram reverter a situação da Ford, da Gap e da Conseco, respectivamente. Eles fracassaram totalmente nos três casos, inclusive houve falência no caso da Conseco. E não foi por falta de tentativas ou falhas de inteligência dos gestores. Não há muito o

---

[1] Você pode imaginar que seria diferente em uma empresa startup, pois a gestão poderia ter um impacto maior na empresa menor e mais jovem. Mas algumas pesquisas recentes do professor Steven Kaplan, da Universidade de Chicago, sugerem que não é bem assim. Em um artigo recente ("Should Investors Bet on the Jockey or the Horse? Evidence from the Evolution of Firms from Early Business Plans to Public Companies" [ou: "Os investidores devem apostar no jockey ou no cavalo? Evidências da evolução das empresas desde os primeiros planos de negócios até se tornarem empresas públicas"], CRSP Working Paper 603, agosto de 2007), ele e seus coautores concluem que, "no limite, os investidores de startups devem colocar mais peso em investir em um negócio forte do que em uma equipe de gestão forte".

que fazer na montadora com custos estruturalmente mais altos do que a concorrência, no varejista de moda com a marca desatualizada ou na financeira com muitos empréstimos ruins na carteira. Nem o melhor engenheiro do mundo consegue construir um castelo de areia de dez andares. As matérias-primas simplesmente não existem.

Como sempre faz, Warren Buffett resumiu melhor essa dinâmica ao dizer: "Quando uma gestão com fama de brilhantismo aborda uma empresa com fama de economia ruim, é a fama da empresa que permanece intacta".

Talvez o meu exemplo favorito de CEO bem-conceituado sendo humilhado pela dinâmica brutal da indústria seja David Neeleman, da JetBlue. Neeleman tinha um histórico impecável quando fundou a JetBlue. Antes disso, ele havia fundado a única companhia aérea suficientemente atraente para ser comprada pela Southwest Airlines, famosa pela timidez das aquisições. Também ajudou a lançar uma companhia aérea de baixo custo no Canadá enquanto esperava que seu acordo de não concorrência com a Southwest expirasse. Quando a JetBlue foi lançada, os aviões de Neeleman eram novinhos em folha e tinham TV via satélite e assentos de couro. Como os aviões novos invariavelmente têm custos mais baixos do que os aviões mais antigos – eles precisam de menos manutenção e são mais eficientes –, as finanças da JetBlue pareciam ótimas logo após a abertura de capital, com margens operacionais de 17% e um sólido retorno de 20% sobre o patrimônio líquido.

Infelizmente, o tempo não para, e a estrutura de custos da JetBlue não tinha para onde ir a não ser subir, à medida que seus aviões envelheciam e os funcionários acumulavam estabilidade. Além disso, amenidades como assentos de couro são relativamente fáceis de copiar, o que, de fato, a Southwest fez prontamente. As companhias aéreas de rede, encorajadas por fortes balanços pós-falência, entraram em guerra de preços com a JetBlue em algumas rotas, e as margens operacionais da JetBlue despencaram. No momento da escrita deste livro, as ações estavam cerca de 30% abaixo do preço da IPO de cinco anos atrás, e, apesar de algumas decisões ruins da gestão, o desempenho da empresa em grande parte não é culpa de Neeleman. A indústria aérea simplesmente tem uma economia brutal, e foi isso o que acabou determinando as dificuldades da empresa.

O complexo de celebridade dos CEOs

Então, por que os CEOs normalmente recebem tanta atenção dos investidores? Existem duas razões, uma óbvia e outra traiçoeira.

A óbvia é que a mídia empresarial precisa atrair o público, e os CEOs são um assunto fácil. Quem não gosta de ler uma história sobre o CEO de uma empresa listada na Fortune 500 que registra lucros recordes, ou de assistir a uma entrevista com algum executivo sobre a bem-sucedida estratégia de expansão internacional de uma empresa? Os executivos geralmente ficam felizes com a publicidade, e o repórter de negócios fica feliz em agradar ao escrever uma história atual sobre uma empresa interessante. É um ganho para ambas as partes, mas muitas vezes é um desserviço para os investidores, que ficam com a ideia de que esses executivos controlam o destino de suas empresas da mesma forma como um chef controla a produção de sua cozinha. No entanto, até mesmo um chef de cozinha conceituado poderia enfrentar desafios com os ingredientes disponíveis nas cozinhas de restaurantes locais, e até mesmo um

CEO brilhante teria espaço de manobra limitado para fazer mudanças em uma indústria brutal.

A razão traiçoeira pela qual os gestores recebem tanta atenção, como se fossem árbitros do destino corporativo, é que todos nós somos tendenciosos. É inerente à natureza humana querer contar histórias e ver padrões que podem não existir de fato. Nós nos sentimos melhor quando podemos identificar uma causa para cada efeito que observamos, e a identificação do agente causal como uma única pessoa é infinitamente mais satisfatório do que culpar a "falta de vantagem competitiva". A verdade, porém, é que os CEOs passam maus bocados, tanto para criar uma vantagem competitiva onde ela não existe como para prejudicar a vantagem competitiva que de início é muito forte.

É muito fácil para o investidor lembrar das exceções, daquelas empresas que conseguiram cavar fossos em setores difíceis, muitas vezes por meio da visão de um CEO talentoso. Empresas como Starbucks, Dell, Nucor, Bed Bath & Beyond e Best Buy criaram quantidades substanciais de riqueza para os acionistas prosperando em setores extremamente brutais, mas quando nos agarramos ao sucesso de empresas como essas e assumimos que suas experiências são a regra e não a exceção, confundimos o possível com o provável. Isso não é bom, porque grande parte do investimento bem-sucedido é acumular as probabilidades a seu favor.

As chances de acontecer alguma surpresa negativa numa empresa com fosso e gestão medíocres são bem menores do que em uma empresa sem fosso dirigida por um CEO que pode ser o próximo Jack Welch. Supondo que você tenha sido cuidadoso em sua análise competitiva, a empresa com fosso tem chances muito fortes de manter a vantagem competitiva. A gestão pode surpreender pelo lado positivo, ou pode acabar sendo pior do que você esperava, mas existe o fosso como proteção. A empresa sem fosso, em contraste, tem que superar grandes adversidades para ser bem-sucedida. A gestão precisa ser tão boa quanto você esperava (se não melhor) para ter sucesso em um ambiente competitivo difícil, e, caso o CEO demonstre não ser tão talentoso assim, o desempenho da empresa não tem para onde ir a não ser para baixo.

Pense desta forma: o que é mais fácil de mudar, o setor em que a empresa está ou seus gestores? A resposta, é claro, é óbvia. Os executivos vêm e vão com regularidade, mas a empresa em um setor difícil estará presa lá para sempre. Então, como nós sabemos que alguns setores têm economia estruturalmente melhor do que outros, é lógico que o setor em que a empresa opera provavelmente terá maior impacto na sua capacidade de gerar retornos de capital altos e sustentáveis do que o CEO que estiver no comando.

A gestão é importante, mas dentro dos limites estabelecidos pelas vantagens competitivas estruturais das empresas. Nenhum CEO opera no vácuo e, embora grandes gestores possam agregar valor ao negócio, a gestão por si só não é uma vantagem competitiva sustentável.

Conclusões

1. Aposte no cavalo, não no jóquei. A gestão é importante, mas bem menos do que os fossos.

2. Investir tem tudo a ver com probabilidades, e a empresa com fosso largo e gestão de um CEO mediano lhe dará melhores chances de sucesso a longo prazo do que a empresa sem fosso e gestão de um superstar.

Capítulo 11 – Onde o bicho pega

Cinco exemplos de análise competitiva.

Na faculdade e na pós-graduação, eu era péssimo em teoria. Conceitos abstratos e gerais entravam por um ouvido e saíam pelo outro, a menos que eu pudesse fixar essas ideias em exemplos concretos. Estudei muita ciência política na pós-graduação e, embora tenha percorrido os grandes pensadores políticos, como Max Weber, Karl Marx e Émile Durkheim, não posso dizer que tenha gostado deles (além de Joseph "destruição criativa" Schumpeter, é claro). Por outro lado, eu adorava ler livros que pegavam diversas evidências e costuravam um tema ou uma teoria unificada desde o início. Eu nunca liguei os pontos antes, mas, em retrospecto, foi um bom prelúdio para uma carreira como analista de fundamentos de títulos de investimentos de baixo para cima.

Neste capítulo, eu quero pegar todas as ideias sobre fossos econômicos que já manifestei e testá-las, examinando cinco empresas uma a uma, de baixo para cima. Afinal de contas, é assim que você provavelmente aplicará as ideias deste livro na vida real. Você lê a respeito de empresas em revistas de negócios ou escuta sobre elas quando são mencionadas por algum colega ou gestor de portfólio, e fica suficientemente intrigado para pesquisar um pouco por conta própria. Tendo isso em mente, eu escolhi as empresas deste capítulo da maneira mais realista que pude imaginar. Peguei algumas edições recentes de importantes publicações de investimentos, como *Fortune* e *Barron's*, e escolhi cinco empresas que foram mencionadas de maneira favorável.

A Figura 11.1 mostra os três passos do processo a ser usado para determinar se essas empresas têm fossos. O primeiro passo é "mostre-me o dinheiro". A empresa gerou retornos decentes sobre o capital no passado? Ao analisar isso, observe os retornos sobre o capital durante o maior tempo possível, pois um ou dois anos ruins não desqualificam a empresa de ter o fosso (você pode ver gratuitamente dez anos de dados financeiros no Morningstar.com).

Figura 11.1 O Processo dos Fossos

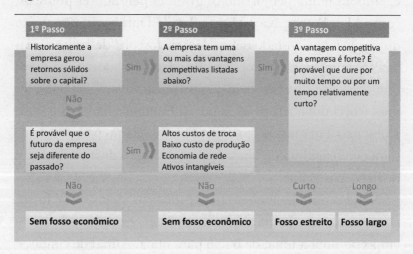

Se não gerou, e o futuro provavelmente não será muito diferente do passado, não existe fosso. Afinal de contas, a vantagem competitiva deve aparecer nos números, e uma empresa que ainda não demonstrou a capacidade de obter retorno econômico excedente não é aquela em que você deve depositar as suas esperanças. É possível que a empresa que tenha apresentado retornos abaixo da média sobre o capital no passado esteja pronta para dias melhores no futuro. No entanto, esse otimismo precisaria ser acompanhado de uma mudança grande e positiva na economia subjacente do negócio. Coisas assim acontecem, então você pode ganhar muito dinheiro identificando empresas que mudaram estruturalmente para melhor. O problema é que empresas desse tipo são muito mais a exceção do que a regra.

Portanto, não existir nenhuma evidência de retornos sólidos sobre o capital geralmente equivale a não existir nenhum fosso, mas se a empresa apresenta bons retornos sobre o capital, o nosso trabalho se torna mais complicado. O segundo passo do processo é identificar a vantagem competitiva, ou seja, é descobrir por que a empresa conseguiu se defender das concorrentes e gerar retornos econômicos excedentes. Afinal de contas, é perfeitamente possível que mesmo a empresa com histórico de bons retornos sobre o capital não tenha fosso se não existir uma razão específica para que esses retornos persistam no futuro. Se não pensarmos na razão pela qual os altos retornos permaneceriam altos, estaremos dirigindo com o olho somente no espelho retrovisor, o que nunca é uma boa ideia. Pense nos varejistas e nas redes de restaurantes: para os consumidores, os custos de troca são extremamente baixos, então as empresas desses setores precisam de escala, de uma marca bem estabelecida ou de alguma outra vantagem defensável para lhes dar o fosso. Sem a vantagem, esses altos retornos sobre o capital podem se dissipar muito rapidamente. A história está cheia de conceitos de varejo ou restaurantes que fracassaram após alguns anos de sucesso inicial.

Este segundo passo é onde precisamos aplicar todas as ferramentas de análise competitiva. A empresa tem marca? Tem patentes? É difícil que os clientes mudem para produtos de concorrentes? Ela tem custos sustentáveis mais baixos? Ela se beneficia da economia de rede? Está sujeita a disrupção tecnológica ou a mudanças na dinâmica da indústria? E assim por diante.

Assumindo que encontramos alguma evidência de vantagem competitiva, o terceiro passo é descobrir quão durável essa vantagem provavelmente será. Alguns fossos são reais, mas podem ser fáceis de superar, enquanto outros são suficientemente largos para que possamos prever com confiança altos retornos sobre o capital por muitos anos no futuro. Esta é, sem dúvida, uma avaliação subjetiva, e é por isso que não defendo fatiar as coisas muito fino. Na Morningstar, dividimos as empresas em apenas três categorias: fosso largo, fosso estreito e sem fosso. Farei o mesmo nos exemplos a seguir.

Agora, vamos colocar essas ideias em ação.

Caçando fossos

O nosso primeiro exemplo é a Deere & Company, que fabrica os equipamentos agrícolas homônimos e possui um segmento de venda de máquinas de construção de tamanho razoável. Como você pode observar na Figura 11.2, a Deere obteve alguns retornos bastante sólidos sobre o capital na última década, apesar da desaceleração desagradável de 1999 a 2002. A agricultura é um negócio cíclico, portanto isso não deve ser uma grande preocupação. Se a Deere vendesse algo com demanda bem mais constante, como queijo ou cerveja, seria bom investigar mais. Então, com base nos números, parece que a Deere tem fosso.

Agora, vamos passar para a análise competitiva. O que a Deere tem que lhe permitiu gerar retornos sólidos sobre o capital? É provável que esses retornos sejam sustentados no futuro? Bem, a marca certamente ajuda. A empresa existe há 170 anos, e os agricultores são extremamente leais à marca Deere. No entanto, os usuários de produtos das concorrentes da Deere, Case Construction Equipment e New Holland, também são leais, então deve existir algo mais na história.

Figura 11.2 Deere & Company

Deere & Company DE	97	98	99	00	01	02	03	04	05	06	12 meses	Média
Margem Líquida (%)	7,5	7,4	2,0	3,7	-0,5	2,3	4,1	7,0	6,6	7,7	7,3	–
Retorno Sobre os Ativos (%)	6,2	6,0	1,3	2,6	-0,3	1,4	2,6	5,1	4,6	5,0	4,5	3,5
Alavancagem Financeira	3,9	4,4	4,3	4,8	5,7	7,5	6,6	4,5	4,9	4,6	4,7	–
Retorno Sobre o Patrimônio Líquido (%)	24,9	24,8	5,9	11,6	-1,5	8,9	18,0	27,1	21,9	23,6	20,8	16,9

A chave, ao que tudo indica, é a vasta rede de revendedores da Deere, muito mais extensa do que a da concorrência na América do Norte. Os revendedores podem rapidamente adquirir peças e realizar reparos nos equipamentos da Deere, o que minimiza o tempo de inatividade durante as temporadas críticas de plantio e colheita. A capacidade de colocar equipamentos quebrados em funcionamento em pouco tempo é fundamental, uma vez que os clientes da Deere são extremamente sensíveis ao tempo. Um agricultor pode usar uma colheitadeira de US$ 300 mil por apenas algumas semanas do ano, mas a máquina tem que, com certeza absoluta, funcionar sem problemas durante essas poucas semanas. Como a replicação dessa rede de revendedores pela concorrência é possível, e já que os agricultores poderiam trocar de marca se a qualidade da Deere caísse substancialmente, é difícil dizer que a Deere tem um fosso econômico largo. Ainda assim, levaria anos para alguma concorrente conseguir fazer isso, e não é certo que a concorrência realmente o faça. Então, eu diria que a Deere tem um fosso econômico estreito, mas sólido, e podemos ter alguma confiança de que a empresa continuará a gerar retornos sólidos sobre o capital por algum tempo.

O nosso próximo exemplo nos leva do sertão para o litoral, Hamptons, e para a Martha Stewart Living Omnimedia, que licencia a marca Martha Stewart e produz revistas e programas de TV. Dada a popularidade de Martha – mesmo depois de uma breve estada no xilindró –, podemos esperar que a empresa seja bastante lucrativa. Vamos verificar os números consultando a Figura 11.3.

Figura 11.3 Martha Stewart Living Omnimedia

Martha Stewart MSO	99	00	01	02	03	04	05	06	12 meses	Média
Margem Líquida (%)	11,0	7,5	7,4	2,5	-1,1	-31,8	-36,2	-5,9	-9,3	–
Retorno Sobre os Ativos (%)	9,1	7,4	7,2	2,3	-0,9	-20,8	-29,2	-7,1	-12,6	-5,0
Alavancagem Financeira	1,4	1,5	1,4	1,4	1,3	1,4	1,6	1,7	1,8	–
Retorno Sobre o Patrimônio Líquido (%)	12,8	10,8	10,5	3,2	-1,2	-28,1	-43,5	-11,7	-22,6	-7,8

Hum... Não é muito impressionante, certo? À primeira vista, é um pouco preocupante que, mesmo no auge da Martha, antes de entrar em conflito com a lei, a empresa gerasse menos de 13% de retorno sobre o patrimônio. Embora não seja um retorno terrível sobre o capital, esperaríamos mais de um negócio que não tem muito capital investido para começar. Afinal de contas, Martha Stewart Living Omnimedia produz uma revista e um programa de TV e licencia a marca para outras empresas: ela não possui um monte de fábricas, nem um inventário caro. Assim, apesar da popularidade ressurgente da marca Martha Stewart, minha conclusão é que a empresa não tem fosso econômico. E isso não é bom.

Passando de uma empresa sem muito capital investido para outra empresa com muito capital, vamos dar uma olhada na Arch Coal, a segunda maior produtora de carvão dos Estados Unidos. Geralmente, é difícil que empresas de commodities cavem um fosso econômico. Então, provavelmente ficaremos um pouco céticos quando iniciarmos a análise. Olhando para os números, porém, os retornos sobre o capital mostraram uma melhora nos níveis de modesta a decente, se não ótima. Parece que as coisas começaram a melhorar para a Arch em 2004, enquanto 2006 e 2007 mostraram resultados sólidos. Veja a Figura 11.4.

Vamos nos aprofundar para ver se os últimos dois anos foram uma aberração, se os retornos sobre o capital provavelmente cairão para níveis abaixo da média ou se algo mudou estruturalmente para melhor na Arch. Em primeiro lugar, parece que a Arch vendeu várias minas deficitárias na região central dos Apalaches no final de 2005, o que é positivo para retornos futuros sobre o capital. Em segundo lugar, a Arch é uma das quatro empresas que praticamente controlam o fornecimento de carvão produzido a partir de uma área chamada bacia do rio Powder, em Wyoming. O carvão dessa área tem demanda pelas concessionárias porque possui um teor de enxofre muito baixo, e o enxofre é um dos principais poluentes emitidos quando o carvão é queimado.

Tudo isso é muito bom, mas, se a Arch estivesse competindo apenas com outras empresas produtoras de carvão na bacia do rio Powder, não teria fosso, a menos que estivesse produzindo carvão a custo sustentável mais baixo do que seus pares na área (não é o caso, a propósito). No entanto, o carvão da bacia do rio Powder é muito mais barato de produzir do que o carvão extraído em muitas outras partes dos Estados Unidos, mesmo considerando os custos de transporte mais altos, já que a bacia do rio Powder está bem distante das áreas densamente populacionais que consomem muito carvão. E, em um negócio de commodities, se puder produzir algo a um custo sustentável mais baixo do que as outras empresas que vendem o mesmo produto, você pode muito bem ter um fosso.

Figura 11.4: Arch Coal

Arch Coal ACI	97	98	99	00	01	02	03	04	05	06	12 meses
Margem Líquida (%)	2,8	2,0	-22,1	-0,9	0,5	-0,2	1,2	6,0	1,5	10,4	7,3
Retorno Sobre os Ativos (%)	1,8	1,3	-13,2	-0,6	0,3	-0,1	0,7	4,0	1,2	8,2	5,0
Alavancagem Financeira	2,7	4,7	9,7	10,2	3,9	4,1	3,5	3,0	2,6	2,4	2,4
Retorno Sobre o Patrimônio Líquido (%)	5,0	4,9	-80,6	-5,5	1,8	-0,5	2,7	12,9	3,4	20,5	12,0

Então, por que não vemos essa vantagem de custo nos históricos de retornos sobre o capital da Arch? Acontece que a Arch assinou alguns contratos de longo prazo a preços muito mais baixos anos atrás, e esses contratos estão começando a expirar e a ser substituídos por novos contratos a preços muito mais altos, o que significa que os retornos futuros sobre o capital devem ser substancialmente maiores do que os retornos anteriores. Então, acho que podemos atribuir provisoriamente à Arch um fosso econômico estreito, mas trata-se de um fosso que precisamos observar bem de perto. Se os custos de produção na bacia do rio Powder aumentarem consideravelmente, ou se o governo introduzir regulamentações que tornem o carvão menos atraente como recurso, impondo imposto sobre o carbono, teríamos de reavaliar as coisas. Assim, com base no que sabemos hoje, a Arch parece ter um fosso (bastante) estreito.

A nossa quarta empresa não é tão conhecida quanto as três primeiras, mas podemos aprender muito sobre fossos olhando para ela. A Fastenal Company distribui uma ampla variedade de produtos de manutenção, reparos e operações para fabricantes e empreiteiros nos Estados Unidos. Ela faz isso por meio de uma rede de cerca de 2 mil lojas e é especializada em fixadores. Pode parecer um negócio sem graça, mas vamos verificar os números para ter certeza (veja a Figura 11.5).

Uau! O que quer que você pense a respeito do negócio, esses números não são sem graça. Um retorno sobre o patrimônio médio de mais de 20% ao longo de uma década, com alavancagem financeira mínima, é uma conquista altamente incomum. De fato, das 3 mil ações no banco de dados da Morningstar com capitalizações de mercado acima de US$ 500 milhões, apenas 50 têm um histórico semelhante de geração de retornos tremendos sobre o capital. A questão, claro, é se a Fastenal teve sorte ou se ela construiu uma vantagem competitiva que lhe permite manter retornos de capital tão altos.

Se você se aprofundar na empresa, verificará que a Fastenal se beneficia de economias de escala baseadas em localização, semelhantes às empresas de cimento e agregados discutidas no Capítulo 7. Fixadores, como parafusos, buchas e cavilhas, são pesados e caros para se enviar, mas não custam muito, o que significa que a Fastenal obtém uma grande vantagem de custo por ter muitas lojas perto dos clientes. A proximidade também significa que geralmente a Fastenal tem tempos de entrega mais rápidos do que as concorrentes, outra grande vantagem, já que normalmente os fabricantes precisam de fixadores quando algo quebra, e o tempo de inatividade é uma premissa muito cara para essas empresas.

Figura 11.5 Fastenal Company

Fastenal FAST	97	98	99	00	01	02	03	04	05	06	12 meses	Média
Margem Líquida (%)	10,3	10,5	10,8	10,8	8,6	8,3	8,5	10,6	11,0	11,0	11,1	–
Retorno Sobre os Ativos (%)	22,9	23,2	23,0	22,4	16,0	14,6	13,9	18,4	20,1	20,6	19,0	19,5
Alavancagem Financeira	1,2	1,2	1,1	1,1	1,1	1,1	1,1	1,1	1,1	1,1	1,2	–
Retorno Sobre o Patrimônio Líquido (%)	28,0	27,6	26,2	25,2	17,9	16,3	15,6	20,8	22,7	23,3	21,7	22,3

Com o dobro de localizações em relação à concorrente mais próxima, a Fastenal parece capaz de manter a vantagem de escala, especialmente porque domina centenas de pequenos nichos geográficos que não seriam lucrativos o suficiente para a concorrência atacar. A empresa também mantém uma frota própria de caminhões que permite distribuir produtos para suas lojas e para os locais de trabalho dos clientes a um custo muito menor do que se usasse uma transportadora terceirizada, como a UPS. Assim, para enfrentar a Fastenal, a concorrente precisaria de uma rede de distribuição de escala semelhante, além da disposição de construir lojas não econômicas nos mercados da Fastenal, de tamanho suficiente para apenas um único distribuidor. Parece uma tarefa bastante assustadora, e é por isso que eu acho que a Fastenal é um negócio de fosso largo, com potencial para gerar retorno superior sobre o capital por muitos anos no futuro.

No exemplo final, quero mostrar por que é tão importante pensar na dinâmica competitiva do negócio, além de verificar o histórico de geração de retornos sólidos sobre capital. Se tivesse olhado qualquer um desses dois negócios em 2004, você lamberia os beiços por causa dos retornos sobre o capital. O histórico da empresa B não era tão consistente quanto o da empresa A, mas a tendência certamente estava na direção certa (veja a Figura 11.6 e a Figura 11.7).

A Empresa A é a Pier 1 Imports, e a Empresa B é a Hot Topic, duas varejistas que estavam indo de vento em popa no final da década de 1990 e início da década seguinte. Ambas estavam crescendo bem: a Hot Topic no ritmo fenomenal de 40% e a Pier 1 em uma taxa mais moderada ao redor de 15%. Ambas produzindo retornos sobre o capital muito respeitáveis. Então, vamos pensar um pouco sobre a natureza dos negócios de cada uma. A Pier 1 vende móveis e acessórios domésticos importados, e a Hot Topic é uma varejista de roupas para adolescentes com visual muito específico em seus produtos. Ambas são negócios decentes, desde que as empresas façam um bom trabalho de gestão de estoques, mantendo-se por dentro das tendências de consumo. No entanto, seria exagero prever com confiança que a Pier 1 e a Hot Topic poderiam manter retornos de capital tão altos por muito tempo, já que os custos de troca para os consumidores são essencialmente nulos.

Figura 11.6 Empresa A

Empresa A	98	99	00	01	02	03	04	Média
Margem Líquida (%)	7,3	7,1	6,1	6,7	6,5	7,4	6,3	—
Retorno Sobre os Ativos (%)	12,8	12,3	11,3	12,9	12,5	14,1	11,7	12,5
Alavancagem Financeira	1,7	1,6	1,5	1,4	1,5	1,5	1,5	—
Retorno Sobre o Patrimônio Líquido (%)	21,8	20,2	17,7	17,8	17,9	21,1	21,1	19,2

Figura 11.7 Empresa B

Empresa B	98	99	00	01	02	03	04	Média
Margem Líquida (%)	6,4	5,8	8,0	9,0	8,5	7,8	8,4	–
Retorno Sobre os Ativos (%)	9,5	10,8	18,3	22,4	20,3	18,9	19,8	17,1
Alavancagem Financeira	1,2	1,2	1,3	1,2	1,2	1,3	1,3	–
Retorno Sobre o Patrimônio Líquido (%)	10,8	12,8	23,3	27,9	24,4	23,4	25,0	21,1

No fim das contas, você estaria certo ao ser cético (veja a Figura 11.8 e a Figura 11.9).

Figura 11.8 Pier 1 Imports, Inc.

Pier 1 Imports, Inc. PIR (Empresa A)	05	06	07	12 meses
Margem Líquida (%)	3,2	-2,2	-14,0	-16,3
Retorno Sobre os Ativos (%)	5,6	-3,6	-21,8	-26,3
Alavancagem Financeira	1,6	2,0	2,5	2,8
Retorno Sobre o Patrimônio Líquido (%)	9,1	-6,4	-47,9	-60,5

Figura 11.9 Hot Topic, Inc.

Hot Topic, Inc. HOTT (Empresa B)	05	06	07	12 meses
Margem Líquida (%)	6,0	3,1	1,8	1,8
Retorno Sobre os Ativos (%)	14,2	7,8	4,4	4,0
Alavancagem Financeira	1,5	1,5	1,4	1,5
Retorno Sobre o Patrimônio Líquido (%)	19,3	11,5	6,5	6,1

Ambas as empresas despencaram de um penhasco nos últimos anos, tanto em termos dos retornos sobre o capital como do preço das ações (do início de 2005 a meados de 2007, o preço das ações da Hot Topic caiu pela metade, e as ações da Pier 1 caíram dolorosos 75%). A história foi a mesma em ambos os casos: os consumidores pararam de comprar o que as empresas vendiam conforme as tendências mudaram em diferentes direções e, para a Pier 1, a concorrência também cresceu. O varejo é um negócio difícil: o que vem fácil, vai embora fácil.

Embora tenha usado varejistas neste exemplo, eu poderia muito bem ter escolhido uma empresa de tecnologia de menor porte, ou qualquer empresa sem vantagem competitiva estrutural. O ponto é que, a menos que a empresa tenha algum tipo de fosso econômico, prever quanto de valor para o acionista ela criará no futuro é praticamente um tiro no escuro, independentemente de qual seja o registro histórico. Olhar para os números é um começo, mas apenas o começo. Pensar cuidadosamente sobre a força da vantagem competitiva da empresa e como ela poderá (ou não) manter a concorrência sob controle é o próximo passo decisivo.

Neste ponto, você tem todas as ferramentas necessárias para começar a separar negócios maravilhosos de empresas com futuros mais incertos. Ainda assim, como você saberá quando essas empresas estarão sendo negociadas a preços atraentes? Esse é o assunto dos nossos próximos dois capítulos.

Conclusões

1. Para saber se a empresa tem fosso econômico, primeiro verifique o histórico de geração de retornos sobre o capital. Retornos fortes indicam que a empresa pode ter fosso, enquanto retornos fracos indicam falta de vantagem competitiva, a menos que os negócios da empresa tenham mudado substancialmente.

2. Se os históricos de retornos sobre o capital forem fortes, pergunte-se como a empresa os manterá. Aplique as ferramentas de análise competitiva dos Capítulos 3 a 7 e tente identificar a existência do fosso. Se você não conseguir identificar uma razão específica pela qual os retornos sobre o capital permanecerão fortes, a empresa provavelmente não tem fosso.

3. Se você conseguir identificar o fosso, analise se ele é forte e quanto tempo vai durar. Alguns fossos duram décadas, enquanto outros são menos duradouros.

Capítulo 12 – Qual o valor de um fosso?

Mesmo a melhor das empresas prejudicará o seu portfólio se você pagar muito para adquiri-la.

Se investir fosse tão simples quanto a identificação de negócios maravilhosos com fossos econômicos, ganhar dinheiro no mercado de ações seria muito mais fácil e este livro acabaria aqui. No entanto, a realidade é que o preço que você paga por uma ação é extremamente importante para os retornos futuros dos seus investimentos, e é por isso que o segundo passo do plano de jogo sobre o qual escrevi no início da Introdução dizia: "Espere as ações dessas empresas serem negociadas por menos do que o valor intrínseco e então compre".

A avaliação é uma coisa engraçada. Eu conheci muitos investidores bastante inteligentes que poderiam declamar capítulos e versículos sobre as empresas cujas ações eles possuíam ou estavam pensando em comprar, mas que não conseguiam responder a esta pergunta simples: "Então, quanto ela vale?". Esses mesmos indivíduos, que passam horas pechinchando por um carro ou dirigem um quilômetro e meio para economizar alguns centavos por litro em um tanque de gasolina, compram ações com apenas uma vaga noção do valor potencial do negócio.

A razão para isso, acredito, é simplesmente o fato de que avaliar uma ação é difícil, mesmo para profissionais. Então, a maioria das pessoas simplesmente joga a toalha e nem tenta. Afinal de contas, é fácil descobrir se um posto de gasolina ou um revendedor de automóveis está lhe oferecendo um bom negócio, porque você sabe como produtos similares estão sendo vendidos. Se o revendedor pede US$ 40 mil naquele Lexus novo e os outros revendedores estão pedindo US$ 42 mil pelo mesmo carro, então você pode ficar razoavelmente confiante de que, ao pagar US$ 40 mil, não pagará demais; no entanto, na avaliação de empresas encontramos dois obstáculos.

Em primeiro lugar, cada empresa é um pouco diferente da outra, o que dificulta as comparações. Taxas de crescimento, retorno sobre o capital, força da vantagem competitiva e uma série de outros fatores afetam o valor de um negócio. Portanto, comparar duas empresas provavelmente será um exercício difícil (que é útil em alguns casos; veremos mais sobre isso adiante neste capítulo). Em segundo lugar, o valor da empresa está diretamente ligado ao seu desempenho financeiro futuro, que é desconhecido, embora possamos obviamente fazer algumas suposições. Por essas razões, a maioria das pessoas se concentra na informação que pode ser facilmente obtida sobre as ações (o preço de mercado), em vez de buscar a informação mais difícil de ser obtida (o valor do negócio).

Essa é a má notícia. A boa notícia é que você não precisa saber o valor exato da empresa antes de comprar suas ações. Tudo o que você precisa saber é se o preço atual é inferior ao *valor mais provável* do negócio. Isso pode parecer confuso, então deixe-me dar um exemplo.

No verão de 2007, notei que uma empresa que estava no meu radar por alguns anos, chamada Corporate Executive Board, teve seu preço reduzido pela metade em relação ao ano anterior. Por alguns anos, as vendas e os lucros da empresa vinham aumentando em um ritmo alucinante de mais de 30% ao ano e, por várias razões, as coisas estagnaram. O crescimento das vendas desacelerou consideravelmente e o crescimento dos lucros caiu para cerca de 10%. Fiz algumas pesquisas e me convenci de que a empresa tinha muito espaço para crescer em seu mercado. Também fiquei confiante de que a posição competitiva da Corporate Executive Board ainda era muito forte. A empresa retornaria à taxa de crescimento de 30% ou o crescimento futuro seria menor, digamos, 15%? Eu realmente não sabia, e a avaliação das ações era muito diferente em ambos os cenários.

Então, por que comprei as ações? Porque, embora eu não soubesse exatamente quanto as ações da Corporate Executive Board valiam, eu sabia que o preço das ações na época sugeria que o mercado estava assumindo a taxa de crescimento de 10%. Assim, a minha tarefa era decidir qual seria a probabilidade de a empresa crescer menos do que 10%. Com base na minha pesquisa, achei que seria um resultado muito improvável. Então, eu comprei as ações. Se a empresa voltasse a uma taxa de crescimento de 15%, o meu investimento se sairia muito bem; e, se voltasse a uma taxa de crescimento de 20%, eu marcaria um golaço. Eu só perderia dinheiro se a empresa desacelerasse para uma taxa de crescimento de um dígito. Achei que as chances disso acontecer eram aceitavelmente baixas.

Neste exemplo, eu fiz a engenharia reversa do preço das ações para ver que tipos de expectativas de crescimento teriam sido incorporadas. A principal conclusão é que eu não precisava saber exatamente o que o futuro traria. Eu só precisava saber que o futuro provavelmente seria mais promissor do que o preço implícito das ações. No caso da Corporate Executive Board, achei que a ação poderia valer entre US$ 85 e US$ 130, mas tinha confiança de que não valeria muito menos do que US$ 65 por ação (o tempo dirá se eu estava certo).

O simples exercício de estimar o valor da ação de uma empresa é a chave na compra das ações por menos do que seu valor potencial, porque, para comprar ações por menos do que seu valor, você precisa ter uma ideia de qual é esse valor (parece simples, mas você ficaria surpreso com a quantidade de investidores que jamais tentam avaliar as ações que compram).

Afinal de contas, qual é o valor de uma empresa?

É uma pergunta simples, então aqui está uma resposta simples: a ação vale o valor presente de todo o dinheiro que ela vai gerar no futuro. É isso.

Vamos esmiuçar um pouco essa ideia. As empresas criam valor investindo capital e gerando retorno sobre esse investimento. Parte do dinheiro que a empresa gera paga as despesas operacionais, parte é reinvestida no negócio, e o restante é o chamado "fluxo de caixa livre". O fluxo de caixa livre é muitas vezes chamado de "ganhos dos proprietários", porque é exatamente isso o que ele é: a quantidade de dinheiro que poderia ser extraída do negócio pelos proprietários todos os anos sem prejudicar as operações da empresa.

Pense no fluxo de caixa livre como o dinheiro que o proprietário libera no final de cada ano. O proprietário de um prédio de apartamentos recebe o aluguel (vendas), paga a hipoteca e alguma manutenção anual (despesas operacionais) e, ocasionalmente, gasta algum dinheiro para fazer grandes reparos, como um novo telhado ou novas janelas (despesas de capital). O que sobra é o fluxo de caixa pessoal livre, que pode ser guardado em conta bancária, gasto em férias agradáveis na Flórida ou usado na comprar de outro prédio de apartamentos. Seja qual for a finalidade dada pelo proprietário, não é o dinheiro necessário para manter o prédio funcionando como empreendimento gerador de caixa.

Continuando o exemplo do proprietário do imóvel, vamos pensar no que faria o prédio cheio de apartamentos de aluguel valer mais ou menos para um possível comprador. O crescimento certamente aumentaria o valor. Se o prédio tivesse um terreno adjacente no qual o proprietário pudesse construir mais apartamentos, valeria mais do que um prédio sem esse terreno, pois o fluxo de renda potencial futura de aluguéis seria maior. A mesma coisa vale para o risco da renda do aluguel, isto é, um prédio cheio de assalariados experientes valeria mais do que o mesmo prédio cheio de estudantes universitários, porque o proprietário estaria mais confiante de que receberia o aluguel todo mês sem grandes problemas.

Você também imaginaria que um retorno maior sobre o capital faria o prédio valer mais. Se existisse a possibilidade de aumentar o valor dos aluguéis de um determinado prédio, basicamente obtendo mais renda sem investimento, essa propriedade valeria mais do que o prédio com aluguéis estagnados. Por fim, não vamos esquecer a vantagem competitiva: o último prédio construído antes que a lei de zoneamento impedisse novos prédios de apartamentos adjacentes valeria mais do que o edifício que potencialmente teria muitos novos apartamentos competindo com ele.

Adivinhe só? Você acabou de aprender os conceitos mais importantes que sustentam a avaliação de qualquer empresa: a probabilidade de que esses fluxos de caixa futuros estimados realmente se materializem (risco); se esses fluxos de caixa provavelmente serão grandes (crescimento); quanto investimento será necessário para manter o negócio em funcionamento (retorno sobre o capital); e por quanto tempo o negócio poderá gerar lucros excedentes (fosso econômico). Mantenha esses quatro fatores em mente ao usar múltiplos de preços ou qualquer outra ferramenta de avaliação e você certamente tomará decisões melhores de investimento.

Invista, não especule

Existem três tipos de ferramentas de avaliação de empresas: múltiplos de preços, rendimentos e valores intrínsecos. Todas as três são partes valiosas do kit de ferramentas de investimento e o investidor esperto aplicará mais de uma em compras potenciais. Falarei sobre múltiplos de preços e rendimentos no próximo capítulo (os valores intrínsecos são um pouco mais complicados e geralmente requerem um método um tanto técnico chamado fluxo de caixa descontado, que está um pouco além do escopo deste livro)[1].

No entanto, o entendimento dos múltiplos de preço e dos rendimentos será mais fácil se primeiro fizermos um pequeno

---

[1] Se você estiver interessado em aprender a calcular o valor intrínseco, eu recomendo que leia outro livro sobre investimentos que escrevi, chamado *The Five Rules for Successful Stock Investing* (John Wiley & Sons, 2004), que entra em maiores detalhes sobre contabilidade e avaliação.

desvio e olharmos para o que impulsiona os retornos das ações. Durante longos períodos, existem apenas duas coisas que empurram uma ação para cima ou para baixo: o retorno do investimento, impulsionado pelo crescimento dos lucros e dividendos, e o retorno especulativo, impulsionado pelas mudanças na relação preço/lucro (P/L, ou P/E em inglês, de *price-earnings ratio*).

Pense no retorno do investimento como o reflexo do desempenho financeiro da empresa e no retorno especulativo como o reflexo da exuberância ou do pessimismo dos outros investidores. Uma ação pode ir de US$ 10 para US$ 15 por ação porque os lucros aumentaram de US$ 1 para US$ 1,50 por ação, ou porque, embora os lucros permanecessem estáveis em US$ 1 por ação, a razão P/L aumentou de 10 para 15. No primeiro caso, a ação foi totalmente impulsionada pelo retorno do investimento. Já no último caso, as ações subiram apenas pelo retorno especulativo.

Quando coloca o foco da sua busca por investimentos em empresas com fossos econômicos, você maximiza o retorno potencial do investimento, porque procura empresas que provavelmente criarão valor econômico e aumentarão os lucros por longos períodos.

Ao prestar bastante atenção à avaliação, você minimiza o risco do retorno especulativo negativo, ou seja, você minimiza as chances de que mudanças de humor dos outros investidores prejudiquem o desempenho do seu investimento. Afinal de contas, ninguém sabe quais serão os retornos especulativos de uma ação nos próximos cinco ou dez anos, mas nós podemos fazer algumas suposições bastante razoáveis sobre o retorno do investimento. A avaliação cuidadosa ajudará você a se proteger contra alguma mudança adversa nas emoções do mercado.

Vejamos um exemplo do mundo real. Em meados de 2007, a Microsoft tinha aumentado o lucro por ação a uma taxa média de aproximadamente 16% ao ano na última década. Portanto, 16% foi o retorno médio de investimento da empresa em dez anos. Ainda assim, as ações da Microsoft se valorizaram a uma taxa média anual de apenas 7% no mesmo período, o que significa que o retorno especulativo deve ter sido negativo, para reduzir esse suculento retorno de investimento de 16%. De fato, foi exatamente isso que aconteceu: dez anos antes, as ações da Microsoft eram avaliadas a uma relação P/L de 50 e, durante a escrita deste livro, a relação P/L era de apenas 20.

Compare a Microsoft com a Adobe, que produz o Photoshop, o Acrobat e um conjunto de outros produtos de software de processamento de imagem. Na última década, os ganhos por ação da Adobe aumentaram em média 13% ao ano. Esse é o retorno do investimento. Por outro lado, as ações se valorizaram a quase o dobro dessa taxa, cerca de 24% ao ano, porque nos últimos dez anos a relação P/L da ação mudou de cerca de 17 para cerca de 45, o que acrescentou uma enorme quantidade de retorno especulativo.

Como você pode ver, a mudança de humor do mercado – o retorno especulativo – causou um resultado drasticamente diferente para o investidor que comprou ações de duas empresas – que apresentaram aproximadamente a mesma taxa de crescimento na última década – em uma mesma indústria. O investidor da Microsoft recebeu retornos aproximadamente alinhados com o mercado, enquanto o investidor da Adobe aumentou em várias vezes seu investimento inicial.

Veja bem: o exemplo da Adobe é extremo. A compra de uma ação com a expectativa de que o mercado trará um retorno especulativo maciço é loucura. Contudo, ao comprar ações com P/L de 17 uma década antes (contra um P/L de 50 da Microsoft), o comprador da Adobe minimizou o risco do retorno especulativo negativo que atingiu o comprador de ações da Microsoft nesses dez anos. O fato inesperado de o sortudo comprador da Adobe ter se beneficiado de um grande aumento na relação P/L foi sensacional.

Por isso a avaliação é tão importante. Ao prestar bastante atenção à avaliação, você maximiza o impacto de algo que se pode prever (o desempenho financeiro de uma empresa) nos retornos futuros dos seus investimentos e minimiza o impacto de algo que não se pode prever (o entusiasmo ou pessimismo dos outros investidores). Afinal de contas, quem não gosta de fazer um bom negócio?

Conclusões

1. O valor de uma empresa é igual a todo o dinheiro que ela poderá gerar no futuro. Simples assim.

2. Os quatro fatores mais importantes que afetam a avaliação de qualquer empresa são: quanto dinheiro ela poderá gerar (crescimento); a certeza associada aos fluxos de caixa estimados (risco); a quantidade de investimento necessária para administrar o negócio (retorno sobre o capital); e a quantidade de tempo que a empresa conseguirá manter os concorrentes a distância (fosso econômico).

3. Comprar ações com baixas avaliações ajuda a proteger você dos caprichos do mercado, porque vincula com mais firmeza os retornos do seu investimento futuro ao desempenho financeiro da empresa.

Capítulo 13 – Ferramentas de avaliação

Como encontrar ações à venda.

Espero ter convencido você de que a avaliação é fundamental para garantir que a sua análise competitiva criteriosa seja recompensada com retornos de portfólio atraentes. Então, vamos analisar os múltiplos de preço, a nossa primeira ferramenta. Os múltiplos são ao mesmo tempo a ferramenta de avaliação mais utilizada e a mais *mal utilizada*.

O múltiplo mais básico é a relação preço/vendas (P/V, ou P/S em inglês, de *price-to-sales ratio*), que é apenas o preço atual de uma ação dividido pelas vendas por ação. O bom na relação preço/vendas é que quase todas as empresas têm vendas, mesmo quando os negócios estão temporariamente em baixa, o que torna a P/V particularmente útil para empresas cíclicas ou empresas com algum tipo de problema que levou os ganhos temporariamente para o vermelho. A dica na relação P/V, porém, é que um dólar de vendas pode valer pouco ou muito, dependendo da lucratividade da empresa. Empresas de baixa margem, como varejistas, normalmente têm índices P/V muito baixos em relação a empresas de alta margem, como software ou produtos farmacêuticos. Portanto, não use relações preço/vendas para comparar empresas de diferentes setores, ou você acabará pensando que as empresas de menor margem são todas grandes pechinchas, enquanto as de alta margem são muito caras.

Na minha opinião, a razão P/V é mais útil para empresas com margens temporariamente reduzidas ou que tenham espaço para muitas melhorias nas margens. Lembre-se de que margens altas significam mais ganhos por dólar de vendas, o que leva a um índice P/V mais alto. Portanto, se você se depara com uma empresa de baixa margem com índice P/V alinhado a empresas semelhantes de baixa margem e acha que a empresa pode cortar custos e aumentar significativamente a lucratividade, pode ter uma ação barata na mira.

Na verdade, um jeito útil de usar a relação preço/vendas é encontrar empresas de alta margem que tenham desacelerado. Empresas que conseguiram apresentar margens grandes no passado mas apresentam baixos índices P/V atualmente podem sofrer desconto em seu valor pelo mercado, porque os outros investidores assumem que o declínio na lucratividade é permanente. Se a empresa de fato puder retornar ao seu nível anterior de lucratividade, então a ação provavelmente está bem barata. Esse é um uso para o qual a relação preço/vendas pode ser uma ferramenta melhor do que a relação preço/lucro. A P/L de uma ação que subutiliza seu potencial seria alta (porque L é baixo), portanto procurar P/Ls baixas não revelaria ações desfavorecidas desse tipo.

Mirando no valor contábil

O segundo múltiplo comum é a razão preço/valor contábil (P/VC, ou P/B em inglês, de *price-to-book ratio*), que compara o preço de mercado da empresa com seu valor contábil, também chamado de patrimônio líquido. Pense como se o valor contábil representasse todo o capital físico investido na empresa, isto é, fábricas, computadores, imóveis, estoques etc. A justificativa para usar o valor contábil em certos casos é que os lucros e os fluxos de caixa futuros são efêmeros, enquanto as coisas que uma empresa possui fisicamente têm um valor mais tangível e certo.

A chave para usar a razão P/VC na avaliação de ações é pensar cuidadosamente sobre o que o "VC" representa. Enquanto um dólar de lucro ou fluxo de caixa é exatamente o mesmo na Empresa A e na Empresa B, as coisas que compõem o valor contábil podem variar drasticamente. Para a empresa com uso intensivo de ativos, como uma ferrovia ou uma empresa manufatureira, o valor contábil representa a maior parte dos ativos que geram receita, isto é, locomotivas, fábricas e estoques. Contudo, para a empresa de serviços ou de tecnologia, por exemplo, os ativos geradores de receita são pessoas, ideias e processos, nenhum dos quais geralmente está contido no valor contábil.

Além disso, normalmente muitas vantagens competitivas que criam fossos econômicos não são contabilizadas no valor contábil. Tome como exemplo a Harley-Davidson, que tinha uma razão P/VC de cerca de 5 quando este livro foi escrito, o que significa que o valor de mercado da empresa era cerca de cinco vezes o patrimônio líquido aproximado de suas fábricas, terrenos e estoques de peças de motocicletas ainda a serem montadas. Isso parece muito, até você considerar que o valor da marca da empresa não é contabilizado no valor contábil, e é essa marca que permite à Harley obter 25% de margem operacional e 40% de retorno sobre o patrimônio.

Existe outra peculiaridade no valor contábil que vale a pena conhecer. Muitas vezes, o VC pode ser inflado por uma convenção contábil conhecida como "ágio" (*goodwill*, ou "boa vontade"), que é criado quando uma empresa compra outra. O ágio é a diferença entre o valor contábil tangível da empresa adquirida e o preço pago pelo comprador e, como você pode imaginar, pode ser um número enorme para empresas sem muitos ativos físicos (quando a America Online comprou a Time Warner, o valor contábil da empresa combinada aumentou US$ 130 *bilhões* em ágio). O problema é que o ágio muitas vezes representa pouco mais do que o desejo da empresa adquirente de comprar a empresa alvo antes dos outros e, portanto, esse valor geralmente é discutível, para dizer o mínimo. É melhor subtrair o *ágio* do valor contábil. Muitas vezes, quando você vê uma relação preço/valor contábil que parece boa demais para ser verdade, é porque um ativo com grande ágio está inchando o valor contábil.

Então, com todas essas armadilhas, por que a preocupação com o valor contábil? Porque ele é extremamente útil em um setor do mercado que contém um número desproporcional de empresas com sólidas vantagens competitivas: o setor dos serviços financeiros. Os ativos de uma empresa financeira são tipicamente muito líquidos (pense nos empréstimos no balanço de um banco); então, eles são muito fáceis de avaliar com precisão, o que significa que o valor contábil de uma empresa de serviços financeiros geralmente é uma aproximação bastante razoável de seu valor real tangível. A única ressalva aqui é que a relação preço/valor contábil anormalmente baixa na empresa financeira pode indicar que o valor contábil está de alguma forma em questão, talvez porque a empresa precise dar baixa em alguns empréstimos ruins que tenha feito.

Múltiplos por toda parte

Como você já deve ter adivinhado, todo múltiplo de preço tem um lado bom e um lado ruim. Com a mãe de todos os múltiplos, a relação preço/lucro (P/L), não é diferente. Os índices preço/lucro são úteis porque os lucros são uma aproximação razoável do fluxo de caixa que cria valor, e porque os resultados e as estimativas dos lucros ficam prontamente disponíveis em praticamente qualquer fonte que você pensar. Eles são complicados, porém, porque o lucro pode ser um número barulhento e porque a relação preço/lucro não significa muito sozinha. Um P/L de 14 não é bom nem ruim, a menos que saibamos algo sobre a empresa ou que tenhamos um benchmark para comparar o P/L.

Claro, um dos aspectos mais complicados da relação preço/lucro é que, embora só possa existir um "P", pode existir mais de um "L". Eu vi P/Ls sendo calculados com o uso dos lucros do ano fiscal mais recente, do ano fiscal atual, do ano civil atual, dos últimos quatro trimestres e de estimativas para o próximo ano fiscal. Qual deles você deveria usar?

É uma pergunta difícil. Sempre aborde números de ganhos previstos com alguma cautela. Essas previsões geralmente são estimativas de consenso dos analistas de Wall Street que acompanham a empresa, e vários estudos mostraram que as estimativas de consenso geralmente são muito pessimistas pouco antes de a empresa em crise se recuperar e muito otimistas pouco antes de a empresa que está voando alto desacelerar. Uma P/L razoável de 15 acaba se tornando uma menos razoável de 20 se os ganhos forem 25% menores do que o esperado.

O meu conselho é observar o desempenho da empresa nos momentos bons e ruins. Pense um pouco se o futuro será muito melhor ou pior do que o passado, e faça a sua própria estimativa de quanto a empresa poderia ganhar em um ano mediano. Essa é a melhor base de um P/L para fundamentar a sua avaliação porque: (1) é sua, então você sabe o que entrou na previsão, e (2) é baseada em um ano mediano da empresa, não no melhor nem no pior de todos os tempos.

Tão logo encontre o seu "L", você estará pronto para usar a relação P/L. A maneira mais comum de usar o P/L é compará-lo com outra coisa, como a concorrência, a média do setor, todo o mercado ou a mesma empresa em outro momento. Existe algum mérito nessa abordagem, desde que você não a faça cegamente e se lembre dos quatro principais fatores de avaliação que eu discuti anteriormente neste capítulo: risco, crescimento, retorno sobre o capital e vantagem competitiva.

Uma empresa negociada com um P/L mais baixo do que as outras no mesmo setor pode ter um bom valor, ou pode merecer esse P/L mais baixo porque tem retornos de capital mais baixos, perspectivas de crescimento menos robustas ou vantagem competitiva mais fraca. As mesmas limitações se aplicam a qualquer comparação da relação preço/lucro de uma única empresa com o P/L médio de todo o mercado de ações.

Uma empresa com P/L de 20 em relação ao P/L de mercado de cerca de 18 (em meados de 2007) parece um pouco cara. Mas e se essa empresa fosse, digamos, a Avon Products, com um fosso econômico largo, 40% de retorno sobre o capital e robustas perspectivas de crescimento em mercados emergentes? Hum... Talvez, afinal de contas, essas ações não sejam tão caras...

Cuidados semelhantes se aplicam na comparação da P/L atual de uma empresa com as relações preço/lucro anteriores. É comum que os investidores justifiquem uma ação subvalorizada declarando: "As ações estão sendo negociadas pelo menor múltiplo em uma década!" (eu mesmo já fiz isso mais de uma vez). Mantendo tudo igual, a empresa negociada por 20 vezes os lucros e que historicamente era negociada por 30 a 40 vezes os lucros soa como um grande negócio, desde que tenha as mesmas perspectivas de crescimento, o mesmo retorno sobre o capital e a mesma posição competitiva. Contudo, se algum desses atributos mudar, todas as apostas devem ser canceladas. Afinal de contas, o desempenho passado pode não garantir resultados futuros.

Menos popular, mas muito mais útil

Por fim, existe o meu múltiplo de preço favorito, que usa o fluxo de caixa das operações no denominador, em vez dos ganhos. Sem entrar nos detalhes terríveis da contabilidade, o fluxo de caixa pode apresentar uma imagem mais precisa do potencial de lucro da empresa porque simplesmente mostra quanto dinheiro está entrando e saindo em um negócio, enquanto os lucros estão sujeitos a muitos ajustes. Por exemplo, as editoras geralmente têm um fluxo de caixa maior do que os ganhos, porque as pessoas pagam as revistas por ano, antes de realmente recebê-las. Por outro lado, a empresa que vende coisas a crédito – digamos, uma loja que vende TVs de plasma – terá lucros maiores do que o fluxo de caixa, porque a loja registra os lucros assim que você sai pela porta com a TV, mesmo que só vá receber o seu dinheiro em parcelas mensais.

Como você pode imaginar, é muito bom quando os clientes pagam *antes* de você ter que fazer qualquer coisa por eles. Empresas com essa característica – geralmente baseadas em assinaturas – tendem a ter o fluxo de caixa maior do que os lucros; portanto, embora possam parecer caras usando a relação P/L, podem parecer muito mais razoáveis usando a relação preço/fluxo de caixa (na maioria das vezes, negócios desse tipo também têm altos retornos sobre o capital). Por exemplo, a empresa que usei como exemplo no capítulo anterior, a Corporate Executive Board, normalmente relata cerca de 50% mais fluxo de caixa do que lucros anualmente.

A relação preço/fluxo de caixa também é útil porque o fluxo de caixa tende a ser um pouco mais estável do que os lucros. Por exemplo, ele não é afetado pelos encargos não monetários provenientes de uma reestruturação societária ou de uma baixa de ativos. Além disso, o fluxo de caixa leva em conta a eficiência do capital em alguns aspectos, porque as empresas que precisam de menos capital de giro para crescer geralmente terão um fluxo de caixa maior do que os lucros. Uma coisa que o fluxo de caixa não faz é levar em consideração a depreciação, de modo que as empresas com uso intensivo de ativos geralmente terão o fluxo de caixa maior do que os lucros, o que pode superestimar a lucratividade, porque esses ativos depreciados precisarão ser substituídos algum dia.

Isso é tudo sobre os quatro múltiplos mais comuns, o primeiro tipo de ferramenta do nosso kit de avaliação. O segundo grupo de ferramentas úteis são as métricas de avaliação baseadas nos rendimentos, que são ótimas porque podemos compará-las diretamente com um benchmark objetivo: os rendimentos dos títulos.

Diga sim aos rendimentos

Se virarmos o P/L de cabeça para baixo e dividirmos o lucro por ação pelo preço da ação, obteremos o rendimento do lucro. Por exemplo, uma ação com P/L de 20 (20/1) teria um rendimento de lucro de 5% (1/20). E uma ação com P/L de 15 (15/1) teria um rendimento de lucro de 6,7% (1/15). Como os títulos do Tesouro (*T-bonds*) de dez anos estavam sendo negociados por cerca de 4,5% em meados de 2007, ambas pareciam taxas de retorno razoavelmente atraentes em relação aos títulos. Claro, você não tem nenhuma garantia de receber os retornos do investimento nessas duas ações, enquanto os *T-bonds* são apoiados pelo Tio Sam, um sujeito bastante confiável. No entanto, você equilibra o risco adicional com algo positivo, isto é, o fluxo de ganhos de uma empresa geralmente cresce com o tempo, enquanto os pagamentos de títulos são fixos. A vida é cheia de contrapartidas.

Nós podemos melhorar o rendimento dos lucros com uma pequena medida simples chamada retorno de caixa, que é simplesmente o rendimento anual em dinheiro que você obteria se comprasse a empresa, pagasse todas as dívidas e mantivesse o fluxo de caixa livre. Voltando à nossa analogia do prédio de apartamentos do capítulo anterior, pense no retorno de caixa como o fluxo de renda, como uma porcentagem do preço de compra, que você pode obter por ser proprietário do prédio de apartamentos diretamente depois de pagar a manutenção e a conservação. O retorno de caixa nos diz quanto fluxo de caixa livre a empresa gera em relação ao custo de compra de toda a empresa, incluindo a dívida.

Essa medida melhora o rendimento dos lucros porque analisa o fluxo de caixa livre (lucro do proprietário) e incorpora a dívida à estrutura de capital da empresa. Para calcular o retorno de caixa, adicione o fluxo de caixa livre (o fluxo de caixa das operações menos as despesas de capital) à despesa líquida de juros (a despesa de juros menos a receita de juros). Essa é a metade superior da razão. A metade inferior é chamada de "valor da empresa", que é a capitalização de mercado da empresa (patrimônio líquido) mais a dívida de longo prazo menos qualquer caixa no balanço patrimonial. Divida o fluxo de caixa livre mais os juros líquidos pelo valor da empresa e pronto: retorno em caixa.

Como exemplo, vamos dar uma olhada rápida na Covidien Ltd., uma grande empresa de assistência médica que fazia parte da Tyco International antes de sua dissolução. Em 2007, a Covidien registrou cerca de US$ 2 bilhões em fluxo de caixa livre e pagou cerca de US$ 300 milhões em juros. Então, US$ 2 bilhões mais US$ 300 milhões equivalem a US$ 2,3 bilhões, e essa é a metade superior da razão. A empresa tem um valor de mercado de US$ 20 bilhões e uma dívida de longo prazo de cerca de US$ 4,6 bilhões. Então, a soma desses números menos US$ 700 milhões em caixa no balanço é o valor empresarial da Covidien, US$ 23,9 bilhões. Dividimos US$ 2,3 bilhões por US$ 23,9 bilhões e obtemos um retorno em caixa de 9,6%, o que é bastante interessante, considerando que esse fluxo de caixa deve crescer com o tempo porque a Covidien vende em vários mercados de saúde com perspectivas sólidas.

Bom, agora que você tem várias ferramentas de avaliação à disposição (múltiplos e rendimentos), deve ter uma ideia de quando cada uma delas é útil e quando não é. Como você junta tudo isso para decidir se o preço de uma ação é menor do que seu valor?

A resposta curta é "com muito cuidado". A resposta longa é que é preciso prática e uma quantidade razoável de tentativas e erros para se tornar habilidoso na identificação de ações subvalorizadas. Ainda assim, eu acho que as cinco dicas a seguir lhe darão melhores chances de ter mais sucesso do que a maioria dos investidores.

1. *Lembre-se sempre dos quatro fatores de avaliação*: risco, retorno sobre o capital, vantagem competitiva e crescimento.

Todo o restante sendo igual, você deve pagar menos por ações mais arriscadas, mais por empresas com alto retorno sobre o capital, mais por empresas com fortes vantagens competitivas e mais por empresas com maiores perspectivas de crescimento. Tenha em mente que esses fatores se combinam uns com os outros. Uma empresa com potencial para crescer por muito tempo, com baixo investimento de capital, pouca concorrência e risco razoável potencialmente vale *muito* mais do que uma empresa com perspectivas de crescimento semelhantes, mas retornos de capital mais baixos e perspectiva competitiva incerta. Os investidores que se concentram cegamente na popular relação P/L-crescimento (PEG em inglês, de *P/E-to-growth ratio*) geralmente perdem esse ponto-chave porque esquecem que o crescimento com alto retorno sobre o capital é muito mais valioso do que o crescimento com baixo retorno sobre o capital.

2. *Use múltiplas ferramentas.* Se um índice ou métrica indica que a empresa é barata, aplique outro mesmo assim. As estrelas nem sempre se alinham, mas, quando o fazem é uma boa indicação de que você encontrou uma empresa realmente subvalorizada.

3. *Seja paciente.* Empresas maravilhosas não são negociadas com ótimos preços com muita frequência, mas como Warren Buffett disse: "Não há *called strikes*[*] em

---

[*] Nota da editora: No baseball, um *called strike* ocorre quando o árbitro declara um arremesso como *strike* mesmo quando o rebatedor não tentou rebater a bola. A analogia indica que um investidor pode aguardar pelo momento certo de investir em uma empresa sem ser penalizado, como ocorre no baseball se um rebatedor não tentar rebater.

investimentos". Tenha uma lista de observação das empresas maravilhosas que você adoraria possuir pelo preço certo; então, espere por esse preço; e, em seguida, ataque. Embora você não deva ser muito exigente – a oportunidade tem seu custo –, lembre-se de uma coisa quando a decisão não for clara: *não ganhar dinheiro* é melhor do que *perder* dinheiro.

4. *Seja firme*. São grandes as chances de o mundo lhe dizer para não investir exatamente quando deveria. Empresas maravilhosas não são negociadas por ótimos preços quando as manchetes são positivas e quando Wall Street está alegre. Elas ficam baratas quando as notícias são ruins e quando os investidores reagem exageradamente. Você terá que comprar quando todo mundo estiver vendendo, o que não é fácil. É lucrativo, porém, e esse é o lado bom da coisa.

5. *Seja você mesmo*. Você tomará melhores decisões de investimento com base no seu próprio conhecimento – arduamente conquistado – a respeito da empresa do que decidiria com base nas dicas de qualquer especialista. A razão é simples: se você entende a origem do fosso econômico da empresa e acha que o negócio está sendo negociado por menos do que seu valor, fica muito mais fácil tomar as difíceis decisões exigidas do investidor bem-sucedido. Se, porém, você confiar constantemente nas dicas e nos conselhos de outras pessoas – sem fazer nenhuma pesquisa por conta própria –, estará constantemente questionando se esse aconselhamento é bom e provavelmente comprará na alta e venderá na baixa.

O melhor negócio do mundo será um mau investimento se for comprado a um preço pouco atraente. Pergunte a qualquer pessoa que comprou Coca-Cola ou Cisco em 1999 ou 2000. Eram grandes negócios na época, e ainda são hoje, mas suas avaliações eram tão altas que não havia margem para erro ou lucro. Comprar uma ação sem prestar muita atenção à avaliação é como comprar um carro sem olhar para o preço na etiqueta. Se comprar o carro, pelo menos você terá prazer em dirigi-lo. No entanto, a compra de ações muito caras não traz esse benefício colateral. Tenha certeza de que a avaliação é um vento a favor – e não um vento contrário – nas suas escolhas de ações.

Conclusões

1. A relação preço/vendas é mais útil para empresas temporariamente não lucrativas ou que apresentam margens de lucro mais baixas do que poderiam. Se a empresa com potencial para margens melhores tiver uma relação preço/vendas muito baixa, você pode ter uma ação barata na mira.

2. A relação preço/valor contábil é mais útil para empresas de serviços financeiros, pois o valor contábil dessas empresas reflete mais de perto o valor real tangível de seus negócios. Desconfie de índices preço/valor contábil extremamente baixos, pois podem indicar que o valor contábil é questionável.

3. Esteja sempre ciente de qual "L" é usado em um índice P/L, porque as previsões nem sempre se concretizam. O melhor "L" a usar é o seu próprio: veja como a empresa se saiu nos bons e nos maus momentos, analise se o futuro será muito melhor ou muito pior do que o passado

e faça a sua própria estimativa de quanto a empresa poderia ganhar em um ano mediano.

4. As relações preço/fluxo de caixa podem ajudá-lo a identificar empresas que gastam muito dinheiro em relação aos lucros. Isso é melhor nas empresas que recebem dinheiro antecipadamente, mas pode superestimar a lucratividade nas empresas com muitos ativos tangíveis que se depreciam e que precisarão ser substituídos algum dia.

5. As avaliações baseadas no rendimento são úteis porque você pode comparar os resultados diretamente com investimentos alternativos, como títulos.

Capítulo 14 – Quando vender

Venda inteligente é sinônimo de melhores retornos.

Em meados dos anos 1990, encontrei uma pequena empresa chamada EMC Corporation que vendia equipamentos de memória/armazenamento para computadores. Fiz algumas pesquisas sobre essa ação e decidi que, embora estivesse um pouco cara, com cerca de 20 vezes o lucro, a forte demanda por memória/armazenamento de dados, combinada com a sólida posição de mercado da EMC, significava que ela deveria crescer em ritmo bastante rápido. Então, comprei uma posição de bom tamanho para o meu portfólio insignificante.

E foi assim que eu vi as ações passarem de US$ 5 para US$ 100 em três anos, e de volta para US$ 5 um ano depois. Vendi cerca de um terço da minha posição a um preço bastante alto, mas vi a maioria cair novamente. Eu tomei uma ótima decisão de compra. No entanto, o meu retorno geral sobre o investimento teria sido muito melhor, mas muito melhor mesmo, se eu tivesse sido mais inteligente na venda.

Pergunte a quaisquer investidores profissionais qual parte eles acham a mais difícil no investimento, e a maioria lhe dirá que saber quando vender é uma das principais, se não a principal. Neste capítulo, darei a você um roteiro para vender bem, porque vender uma ação no momento certo e pelos motivos certos é tão importante para o retorno do seu investimento quanto comprar uma ação com grande potencial de valorização.

Venda pelos motivos certos

Faça a si mesmo estas perguntas na próxima vez que pensar em vender e, se não puder responder sim a uma ou mais delas, não venda.

- Eu cometi algum erro?
- A empresa mudou para pior?
- Existe algum lugar melhor para colocar o meu dinheiro?
- A ação se tornou uma parte muito grande do meu portfólio?

Talvez a razão mais dolorosa para vender seja porque você estava simplesmente errado Se você deixou de observar algo significativo – seja lá o que for – quando analisava a empresa pela primeira vez, a sua tese de investimento original pode muito bem não se sustentar. Talvez você tenha pensado que a gestão seria capaz de "dar a volta por cima" ou que venderia alguma divisão deficitária, mas, em vez disso, a empresa decidiu investir mais dinheiro no segmento. Talvez você tenha pensado que a empresa teria uma forte vantagem competitiva, mas a concorrência começou a virar o jogo. Ou talvez você tenha superestimado o sucesso de um novo produto. Não importa qual tenha sido o erro, raramente vale a pena ficar com uma ação que você comprou por algum motivo que não é mais válido. Corte as suas perdas e siga em frente.

Eu fiz exatamente isso há muitos anos com uma empresa que fabricava projetores de filmes comerciais. A empresa tinha forte participação de mercado e um bom histórico, e os cinemas multitela estavam surgindo como ervas daninhas pelos Estados Unidos. Infelizmente, as minhas expectativas de crescimento acabaram sendo muito altas, porque o *boom* da construção de salas multiplex começou a diminuir. Os donos de cinemas começaram a ter problemas financeiros e estavam muito mais preocupados em pagar as contas – especialmente os juros das dívidas – do que na construção de novas salas. Eu estava quase no ponto de recuperar o investimento quando descobri isso, mas vendi mesmo assim. Ainda bem que fiz isso, porque posteriormente as ações foram para o brejo, ou seja, caíram no terreno das ações que viram pó.

Preciso dizer que é muito mais fácil falar do que fazer, porque tendemos a nos ancorar no preço pelo qual compramos a ação e detestamos perder dinheiro (na verdade, vários estudos psicológicos provaram que as pessoas sentem quase duas vezes mais dor quando perdem dinheiro do que sentem prazer quando ganham exatamente a mesma quantia). Esse comportamento nos leva a colocar o foco em uma informação irrelevante, o preço pelo qual compramos a ação (que não tem efeito sobre as perspectivas futuras da empresa), em vez de outras informações muito mais relevantes, como o fato de que a nossa avaliação original a respeito do futuro da empresa talvez estivesse totalmente errada.

A dica que você pode usar para evitar a ancoragem é a seguinte: toda vez que comprar ações, anote por que comprou e mais ou menos o que espera que aconteça com os resultados financeiros da empresa. Eu não estou falando de previsões de lucros trimestrais, e sim de expectativas aproximadas. Você espera que o crescimento das vendas seja constante ou que acelere? Você espera que as margens de lucro subam ou desçam? Então, se a empresa piorar, pegue o pedaço de papel com as suas anotações e veja se as razões que teve para comprar ainda fazem sentido. Se fizerem, mantenha as ações ou compre mais. Se não fizerem, vender é provavelmente a sua melhor opção, *independentemente de você ter ganhado ou perdido dinheiro com essas ações.*

A segunda razão para vender é quando os fundamentos da empresa se deterioram substancialmente e não parece que vão se recuperar. Para o investidor de longo prazo, esse provavelmente será um dos motivos mais comuns para vender. Mesmo as melhores empresas podem atingir um limite depois de anos de sucesso. Você pode muito bem ter acertado 100% na avaliação inicial das perspectivas da empresa, na valoração e nas vantagens competitivas e pode ter tido muito sucesso ao possuir as ações. No entanto, como disse uma vez o economista John Maynard Keynes: "Quando os fatos mudam, eu mudo de ideia".

Eis um exemplo recente de uma empresa que eu cobri para a Morningstar: a Getty Images. Trata-se de uma empresa fascinante que capitalizou a migração digital da fotografia construindo um enorme banco de dados de imagens digitais que ela distribui para agências de publicidade e outros grandes consumidores de imagens. Basicamente, a Getty virou o maior mercado de imagens da indústria ao tornar mais fácil o *upload* de imagens para seu banco de dados pelos fotógrafos e a busca por imagens pelos usuários. Durante algum tempo, foi um grande negócio, com fortes taxas de crescimento, altos retornos sobre o capital e enorme alavancagem operacional.

Então o que aconteceu? Basicamente, a mesma tecnologia digital que construiu a empresa também a tornou menos relevante. À medida que a imagem digital de alta qualidade se tornou mais acessível a uma ampla gama de usuários, ficou mais fácil criar imagens de qualidade profissional com câmeras mais baratas. Isso levou ao surgimento de sites que vendiam imagens reconhecidamente de qualidade inferior à imagem mediana da Getty, mas que eram muito mais baratas – alguns dólares versus algumas centenas de dólares – e suficientemente boas para usuários menos exigentes. Junte a isso o fato de que as imagens on-line não precisam ser de alta qualidade, como as usadas na mídia impressa. E, então, a economia e as perspectivas de crescimento da Getty mudaram significativamente para pior.

A terceira razão para vender é quando você se depara com um lugar melhor para aplicar o seu dinheiro. Enquanto investidor com capital limitado, você quer sempre ter certeza de que os seus investimentos tenham o maior retorno esperado possível. Portanto, vender uma ação modestamente desvalorizada para financiar a compra de uma oportunidade ridiculamente deliciosa é perfeitamente lógico e, na verdade, uma boa ideia. É claro que os impostos entram em jogo aqui e você pode precisar de uma diferença maior no potencial de lucro para justificar a venda em uma conta tributável do que em uma conta qualificada para impostos, mas ainda assim é algo a ter em mente. Eu não recomendaria ajustes constantes de portfólio para passar de ações com 20% de alta para ações com 30% de alta, mas, às vezes, quando surge uma grande oportunidade, você precisa vender uma ação existente para custear a ideia.

Por exemplo, quando o mercado liquidou durante a crise de crédito no final do verão de 2007, as ações dos serviços financeiros foram absolutamente esmagadas. Algumas mereceram, mas, como geralmente acontece, Wall Street jogou muitos bebês fora junto com a água do banho, e muitas ações foram reduzidas a níveis ridiculamente baixos. Eu normalmente mantenho pelo menos 5% a 10% da minha conta pessoal em dinheiro, de modo a ter recursos à disposição para ocasiões assim. Você nunca sabe quando o mercado vai enlouquecer. No entanto, por várias razões, eu fui apanhado com bem pouco dinheiro de sobra nessa liquidação em particular. Então, comecei a comparar a vantagem potencial das minhas posições existentes com algumas das ações financeiras que Wall Street colocava à venda. O resultado líquido foi que eu vendi uma posição que não me pertencia há muito tempo, e que tinha apenas um modesto potencial de valorização, para financiar a compra de um banco negociado abaixo do valor contábil, que já tinha concordado em ser adquirido por um preço mais alto. Foi uma troca que valeu muito a pena.

Lembre-se de que, às vezes, o melhor lugar para você colocar o seu dinheiro pode muito bem ser o caixa. Se uma ação ultrapassou em muito o que você acha que ela vale e o retorno esperado dela a partir de agora será realmente negativo, então vendê-la faz sentido, mesmo que você não tenha outras boas ideias de investimento no momento. Afinal de contas, mesmo o retorno modesto que o dinheiro proporciona é melhor do que o retorno negativo, que é exatamente o que você obterá se possuir uma ação que ultrapassou até mesmo a avaliação mais otimista de seu valor.

A última razão para vender é a melhor de todas. Se você já teve um sucesso retumbante em um investimento, e se o valor de mercado desse investimento cresceu para compor uma grande parte do seu portfólio, pode fazer sentido diminuir o risco e encolher a posição. Trata-se de uma decisão muito pessoal, já que algumas pessoas ficam muito à vontade com portfólios concentrados. Em um ponto no início de 2007, metade do meu portfólio pessoal estava em apenas duas ações, mas muitos investidores se sentem mais à vontade limitando posições individuais a 5% ou mais de suas carteiras. A decisão é sua, mas se você estiver nervoso porque tem 10% do seu portfólio em uma única ação, mesmo que ainda pareça subvalorizada, ouça a sua intuição e reduza a posição. Afinal de contas, você tem que viver com o seu próprio portfólio, e se a manutenção das posições em tamanho baixo o deixa mais confortável, que assim seja.

Antes de encerrar este capítulo, quero chamar rapidamente a sua atenção para o fato de que nenhuma das quatro razões para vender que eu expus se baseia no que acontece com os preços das ações: todas elas estão centradas no que acontece, ou no que é provável que aconteça, com os *valores* das empresas cujas ações você possui. Vender apenas porque o preço de uma ação caiu não faz absolutamente nenhum sentido, a menos que o valor do negócio também tenha diminuído. Por outro lado, vender apenas porque a ação disparou também não faz sentido, a menos que o valor do negócio não tenha aumentado conjuntamente.

É muito tentador usar o desempenho passado das ações em sua carteira para decidir quando vender. Lembre-se, porém, que o que importa é o que você espera do comportamento da empresa no futuro, e não como o preço de suas ações se comportou no passado. Não há razão para a queda das ações em alta, assim como não há razão para que as ações em queda voltem a subir eventualmente. Se tiver uma ação que caiu 20% de um negócio que ficou pior e não está melhorando, você ainda pode registrar a perda e obter a redução de impostos. A dica é sempre manter o foco no desempenho futuro do negócio, não no desempenho passado das ações.

Conclusões

1. Se você cometeu um erro na análise da empresa e o motivo original para comprar não é mais válido, vender provavelmente será a melhor opção.

2. Seria ótimo se as empresas sólidas nunca mudassem, mas isso raramente acontece. Se os fundamentos de uma empresa mudarem de forma permanente – não temporária – para pior, talvez você deva vender.

3. Os melhores investidores estão sempre procurando as melhores aplicações para o seu dinheiro. Vender uma ação modestamente desvalorizada para financiar a compra de uma ação superbarata é uma estratégia inteligente. Isso também vale para vender uma ação supervalorizada e estacionar o resultado em caixa se não houver ações com preços atraentes no momento.

4. Vender uma ação quando ela se torna uma grande parte do seu portfólio pode fazer sentido, dependendo da sua tolerância ao risco.

Conclusão

Mais do que números.

Eu adoro o mercado de ações.

O que não me agrada são os delírios e as reclamações a respeito de relatórios de empregos e reuniões do Federal Reserve, nem as discussões sem fim sobre relatórios trimestrais de lucros minutos depois de chegarem aos noticiários. A maior parte dessas coisas, aliás, é apenas barulho de qualquer maneira, com pouca influência no valor de longo prazo de empresas individuais. Eu ignoro tudo isso amplamente, e você também deveria agir assim.

O que me faz levantar de manhã é a oportunidade de ver como milhares de empresas tentam resolver exatamente o mesmo problema: "O que fazer para ganhar mais dinheiro do que a concorrência do outro lado da rua?". As empresas podem criar vantagens competitivas de várias maneiras; então, observar o que separa as ótimas das que são meramente boas é um exercício intelectual sempre fascinante.

Isso também pode ser financeiramente compensador, claro, supondo que você tenha paciência para esperar que empresas de qualidade sejam negociadas por menos do que seu valor intrínseco antes de fazer algum investimento. A chave é perceber que pode deixar as empresas do seu portfólio fazerem parte do trabalho pesado para você em termos de retorno de investimento. Empresas com fortes vantagens competitivas podem com frequência apresentar retornos sobre o capital de 20%, que é uma taxa de retorno que bem poucos gestores de dinheiro conseguem alcançar por longos períodos[1]. A oportunidade de se tornar sócio ou coproprietário de empresas que podem capitalizar nessa taxa – especialmente se as suas participações societárias forem compradas por 80 centavos de dólar – tem o potencial de construir muita riqueza ao longo do tempo.

Uma coisa que muitas pessoas não percebem sobre investir é que não se trata apenas de um jogo de números. Você precisa entender um pouco de contabilidade básica para tirar o máximo proveito das demonstrações financeiras. Ainda assim, conheci alguns contadores muito inteligentes que não eram nada bons em analisar negócios ou escolher ações. Entender como o caixa flui através da empresa e como esse processo se reflete nas demonstrações financeiras é necessário, mas de forma alguma suficiente.

Para ser um investidor realmente bom, você precisa ler muito. A grande imprensa de negócios – *Wall Street Journal*, *Fortune*, *Barron's* – é um bom começo, porque ajuda você a expandir o seu banco de dados mental de empresas. Quanto mais empresas você conhece, mais fácil fica fazer comparações, encontrar padrões e ver temas que fortalecem ou enfraquecem as

---

[1] Em meados de 2007, exatamente 24 fundos não setoriais entre mais de 5.550 no banco de dados da Morningstar conseguiram gerar retornos anualizados acima de 15% nos últimos 15 anos. Não é uma tarefa nem um pouco fácil.

vantagens competitivas. Eu digo com convicção que ler sobre empresas agrega infinitamente mais valor ao seu processo de investimento do que ler sobre movimentos de mercado de curto prazo, tendências macroeconômicas ou previsões de taxas de juros. Um relatório anual vale dez discursos do presidente do Federal Reserve.

Depois de incluir essas publicações em sua dieta de investimentos, passe para livros sobre – e de – gestores de dinheiro bem-sucedidos. Afinal de contas, não existe um substituto para o aprendizado sobre investimentos com pessoas que praticaram isso com sucesso. As cartas trimestrais aos acionistas são valiosas pelo mesmo motivo e têm o benefício adicional de serem gratuitas. Na minha opinião, as cartas trimestrais escritas por gestores de dinheiro sólidos a respeito de seus portfólios são alguns dos recursos mais subutilizados do planeta na área de investimentos. E, considerando o preço, certamente valem mais do que o que você paga por elas.

Finalmente, existe uma florescente literatura sobre como as pessoas tomam decisões de investimento e por que muitas vezes esse processo é cheio de preconceitos ocultos. Livros como: *Why Smart People Make Big Money Mistakes – and How to Correct Them*, de Gary Belsky e Thomas Gilovich (Simon & Schuster, 1999); *O efeito Halo*, de Phil Rosenzweig (Alta Books, 2021); e *Your Money and Your Brain*, de Jason Zweig (Simon & Schuster, 2007) ajudam você a enxergar as falhas no seu próprio processo de tomada de decisão e a tomar decisões mais inteligentes sobre os seus investimentos.

Espero que as ideias que estão neste livro façam o mesmo!